versooszev
reversooszever
controversooszevortnoc

Coleção Signos
Dirigida por Augusto de Campos

Revisão e iconografia: Augusto de Campos
Capa: A. Lizárraga
Diagramação: Walter Grieco
Produção: Ricardo W. Neves, Juliana Sérgio e Sergio Kon

verso
reverso
controverso

AUGUSTO DE CAMPOS

Dados Internacionais de Catalogação na Publicação (CIP)
(Câmara Brasileira do Livro, SP, Brasil)

Campos, Augusto de
  Verso, reverso, controverso / Augusto de Campos. –
São Paulo : Perspectiva, 2009. – (Signos ; 6)

  1ª reimpr. da 2. ed. de 1988.
  Bibliografia
  ISBN 978-85-273-0603-4

  1. Poesia brasileira I. Título. II. Série.

09-09936   CDD-869.91

Índices para catálogo sistemático:
1. Poesia : Literatura brasileira 869.91

2ª edição – 2ª reimpressão

Direitos reservados à

EDITORA PERSPECTIVA LTDA.

Rua Augusta, 2445, cj. 1
01413-100 São Paulo SP Brasil
Tel.: (11) 3885-8388
www.editoraperspectiva.com.br

2022

SUMÁRIO

Verso, Reverso, Controverso 7
Presença de Provença 9
   1. Introdução 9
   2. Amor & Humor nas Canções de Guilherme IX 11
   3. Marcabru, Contra o Amor 31
   4. Arnaut Daniel, o Inventor 40
   5. Bertran, Poeta de Briga 67
   6. Bernart, a Ave Leve 80
   7. Cardenal, o Protesto 94
Os Poetas Malditos do Maldizer 107
Do Temor, do Amor, do Humor 115
A Meta Física dos "Metafísicos" 123
A Rosa de Marino 179
Metamorfoses das *Metamorfoses* 191
Dos "Poetas Bizarros" a Hopkins 199
Antipoesia no Simbolismo 211
Um Dia, um Dado, um Dedo 257
Informação Bibliográfica 265
Ilustrações 267

Bernart de Ventadorn

VERSO, REVERSO, CONTROVERSO

Assim como há gente que tem medo do novo, há gente que tem medo do antigo. Eu defenderei até a morte o novo por causa do antigo e até a vida o antigo por causa do novo. O antigo que foi novo é tão novo como o mais novo novo. O que é preciso é saber discerni-lo no meio das velhacas velharias que nos impingiram durante tanto tempo. Arnaut Daniel, João Airas de Santiago, John Donne, Marino, Corbière ou Hopkins, Gregório de Matos ou Sousândrade ou Kilkerry, num sentido mais largo, não são menos novos que Joyce ou Pound ou Oswald ou Pignatari. São irmãos no tempo, mais irmãos e mais próximos que a diluente maioria dos *literatti* que nos cercam. Como não amá-los? Meu amor vegetal crescendo vasto.

"Com uma tal falta de gente coexistível, como há hoje, que pode um homem de sensibilidade fazer senão inventar os seus amigos, ou quando menos, os seus companheiros de espírito?" (Fernando Pessoa).

A minha maneira de amá-los é traduzi-los. Ou degluti-los, segundo a Lei Antropofágica de Oswald de Andrade: só me interessa o que não é meu. Tradução para mim é *persona*. Quase heterônimo. Entrar dentro da pele do fingidor para refingir tudo de novo, dor por dor, som por som, cor por cor. Por isso nunca me propus traduzir tudo. Só aquilo que sinto. Só aquilo que minto. Ou que minto que sinto, como diria, ainda uma vez, Pessoa em sua própria *persona*.

Outrossim, ou antes, outronão: tradução é crítica, como viu Pound melhor que ninguém. Uma das melhores formas de crítica. Ou pelo menos a única verdadeiramente criativa, quando ela – a tradução – é criativa.

Tem mais. Vendo o que eles fizeram no seu tempo aprendemos melhor o que fazer ou não fazer – porque já foi feito melhor – no nosso. O "paideuma" de Pound: a ordenação da informação para que o próximo homem ou geração possam achar o mais rapidamente possível a parte viva dela e gastar um mínimo de tempo com itens obsoletos.

A poesia é uma família dispersa de náufragos bracejando no tempo e no espaço. Tento reunir aqui alguns dos seus raros sobreviventes, dos que me falam mais de perto: os que lutaram sob uma bandeira e um lema radicais – a invenção e o rigor. Os intraduzidos e os intraduzíveis. Os que alargaram o verso e o fizeram controverso, para chegar ao reverso. Se disserem que isso não tem nada com o presente, direi que é mentira. Ezra Pound aprendeu muito com muitos deles. E quem não aprendeu com EP merece mais a nossa piedade que a nossa reprovação, como disse Hemingway. Os concretos aprenderam muito com essa gente. Os futurocratas passadófobos, que dividem a história em antes e depois de si próprios, não passam de medíocres narcisistas que já vão ser enterrados no próximo passado do futuro.

A poesia, por definição, não tem pátria. Ou melhor, tem uma pátria maior. "Um Oriente ao oriente do oriente." Mas se disserem que tudo isso não tem nada a ver com "as nossas raízes", é outra mentira. Um dia, um dedo, um dado dizem o contrário. É isso. Ovo novo no velho. "Fui-o outrora agora."

AUGUSTO DE CAMPOS

PRESENÇA DE PROVENÇA

1. Introdução

O redescobrimento da poesia provençal, a consciência da sua modernidade, a sua incorporação, em suma, ao acervo da "coisa viva" em matéria literária, são fatos novos no campo da poesia. É claro que Provença sempre existiu para os provençalistas, como o pterodáctilo para os paleontólogos, mas a sua projeção no mundo efetivo e atuante da criação é outra coisa. Só começou a existir, propriamente, a partir da primeira década deste século, nos estudos, traduções e recriações de Ezra Pound, recolhidos em *The Spirit of Romance* (1910), *Make it New* (1934), *The Translations of Ezra Pound* (1953), *Literary Essays of Ezra Pound* (1954), e nas frequentes homenagens poéticas que são tributadas aos trovadores provençais em *Personae* e nos *Cantos*.

"Qualquer estudo da poesia europeia será falho se não começar por um estudo da arte de Provença", proclamava Pound em 1913. E se isso é verdadeiro para a poesia europeia e passou a sê-lo, depois de EP, até para a poesia norte-americana, quanto mais para a poesia de língua portuguesa, ela própria possuidora de uma notável tradição trovadoresca, descendente da matriz provençal e como esta objeto de similar obscurecimento. Pode parecer estranho que se acene com o olvido a propósito dos nossos trovadores, aparentemente não de todo desconhecidos ("Ai flores", D. Dinis, etc). Mas é que a divulgação pífia e policiada dos textos trovadorescos, atingindo especialmente a poderosa vertente satírica, ao lado dos poemas mais elaborados formalmente, criou dessa poesia uma imagem pálida e descarnada. Era preciso – e ainda o é e será por muito tempo – tirar-lhe a máscara de santidade, desmistificá-la, para retirar-lhe a fama de jogo cortês e floral, de inconsequente passatempo palaciano. Pense-se na recente edição das *Cantigas d'Escarnho e Mal Dizer* (mais de 400!) reveladas por Rodrigues Lapa, quase todas ignoradas até pelos especialistas em literatura, e ainda sem uma edição acessível. E medite-se na amarga experiência da *Antologia* da *Poesia Portuguesa Erótica e Satírica* de Natália Correia, submetida em Portugal a processo-crime pelo delito de haver divulgado, entre outros, os poemas escarninhos de Martim Soares, Afonso Eanes de Cotton, Pero da Ponte, João Garcia de Guilhade, Pero Garcia, Martin Moxa...

Mas o que há de novo na poesia de Provença, a justificar a sua presença em plena era tecnológica? Há, em primeiro lugar, precisamente, a tecnologia poética, o trabalho de estruturação e de ajuste das peças do poema, em termos de artesanato, é evidente, mas que assinalam um dos mais altos momentos da poesia no sentido da apropriação do instrumento verbal e de sua adequação ao dizer poético. Só isso já bastaria para justificar a sua revivescência. Mas há muito mais na rica e diversificada, embora não numerosa, mina poética provençal (muitos dos seus melhores representantes não deixaram mais que algumas dezenas de canções: de Guilhem de Peitieu só nos restam 11 e de Jaufre Rudel apenas 7 ou 8).

Afirmava Eliot, em 1929, acentuando o caráter de autêntica recriação das versões de poemas chineses feitas por Ezra Pound, que este era "o inventor da poesia chinesa para a nossa época"[1]. Não será demais concluir, em sentido análogo, que foi Pound também o "inventor" da poesia provençal em nossos dias. Em seu livro *The Spirit of Romance* (1910), principalmente nos capítulos intitulados "Il Miglior Fabbro" e "Proença", e em ensaios posteriores, como "Troubadours – Their Sorts and Conditions", publicado pela primeira vez na *Quarterly Review*, era 1913, e "Arnaut Daniel", aparecido em *Instigations*, em 1920[2], Pound chamou a atenção para a importância estética da poesia provençal, especialmente enquanto considerada "uma arte entre a literatura e a música", e para a versatilidade das obras e das vidas dos trovadores, já assinalada nas *razos,* pequenos relatos crítico-biográficos que precediam os poemas nos cancioneiros provençais, nas quais ele entrevia "as sementes da crítica literária". Mas não fez apenas isso. Verteu ele próprio para a língua inglesa, com aquela singular habilidade que o credencia como o maior tradutor-criador contemporâneo, alguns dos mais significativos exemplos da arte do trovar. E, em mais de uma oportunidade, se encarnou na *persona* de algum trovador, para recriar a poesia provençal, com inteira liberdade, em linguagem moderna. Graças à instigação de seus trabalhos pioneiros pôde-se ver sob novas luzes aquele esquecido período literário que teve lugar no sul da França, entre o final do século XI e o século XIII, e nele discernir várias linhas de força que convergem para o âmbito de interesses da poética de hoje.

---

1. Segundo H.G. Porteus em "Ezra Pound and the Chinese Character: a Radical Examination", 1950, estudo integrante da coletânea de ensaios *An Examination of Ezra Pound*, organizada por Peter Rüssel, New Directions, Norfolk, Conn., 1950.

2. Os dois estudos foram reapresentados em *Make it New* (Faber & Faber, e Yale University Press, 1934) e *Literary Essays of Ezra Pound.* (Faber & Faber, 1954).

Assim, se a poesia contemporânea se define essencialmente pela síntese, pela condensação (*Poesia = Dichten – Condensare,* na fórmula poundiana)[3], não pode deixar de ser atualíssimo o *trobar dus,* a poesia densa e concisa de um Marcabru ou de um Arnaut Daniel, que neste assume, ademais, o caráter de *trobar ric,* pela complexa elaboração formal. Também a vertente realista, com início nas canções eróticas de Guilhem de Peitieu – tão distantes da idealização amorosa que se julga caracterizar a poesia provençal – e desenvolvimento na desabusada sátira social de um Marcabru ou de um Peire Cardenal, apresenta outra faixa de interesse, sob o ângulo da poesia como participação, como visão desmistificadora e desmistificadora dos conceitos ou preconceitos da sociedade medieval, muitos dos quais, lamentavelmente, ainda em vigor.

O propósito desta série de estudos é oferecer um *trailler* do trovar de Provença com o exemplo vivo da poesia de alguns dos seus melhores cultores: Guilhem de Peitieu, Marcabru, Arnaut Daniel, Bertran de Born, Bernart de Ventadorn, Peire Cardenal.

2. *Amor & Humor nas canções de Guilherme IX*

Guilhem de Peitieu, 7º Conde de Poitiers, 9º Duque de Aquitânia, nasceu em 1071. As 15 anos herdou de seu pai, Guilherme VI, domínios mais extensos que os do próprio Rei de França. Morreu em 1127, excomungado, provavelmente por causa de suas disputas com a Igreja sobre direitos territoriais, e deixando atrás de si uma vasta crônica de insucessos guerreiros. Avô de Eleonora de Aquitânia, bisavô de Ricardo Coração de Leão, é o mais antigo poeta provençal de que se tem notícia. De sua obra, restam apenas 11 poemas, segundo a excelente edição de Alfred Jeanroy, recentemente reimpressa[4].

Reza a *razo* (biografia) do poeta:

"Lo coms de Peitieus si fo uns dels majors cortes del mon, e dels majors trichadors de dompnas; e bos cavaliers d'armas, e larcs de dompnejar. E saup ben trobar e cantar; et anet lonc temps per lo mon per enganar las domnas. Et ac un fill que ac per moiller la duquessa de Normandia, don ac una filla que fo moiller del rei Enric d'Englaterra, maire del rei jove, e d'en Richart, e del comte Jaufre de Bretaingna". (O Conde de Poitiers foi um dos maiores galanteadores do mundo e um dos maiores enganadores de mulheres e bom cavaleiro de armas e magnífico na arte de cortejar. E

---

3. Tal como o verbo *dichten,* em alemão, apresenta dois níveis semânticos (poetar e condensar), também o verbo provençal *trobar,* com que se exprimia o poetar da época, podia significar ainda a ação de inventar. Condensação e invenção, hoje em dia, mais do que nunca, são atributos essenciais da poesia.

4. *Les Chansons de Guillaume IX,* editadas por Alfred Jeanroy, Paris, Librairie Honoré Champion, 1964, p. XX.

soube trovar e cantar bem e andou muito tempo pelo mundo a enganar as mulheres. E teve um filho que teve por mulher a Duquesa de Normandia, da qual teve uma filha que foi mulher do Rei Henrique da Inglaterra, e mãe do Rei Jovem, e de Sire Ricardo, e do Conde Jaufre da Bretanha).

    Guilherme IX gabava-se de ser *maiestre certa*, mestre infalível na arte de conquistar o belo sexo: assim o diz uma de suas mais ousadas canções que traduzi sob o título de (Mallarmé me perdoe a irreverência!) "O lance de dados", e onde o poeta joga com o duplo sentido da palavra *taulier* (tabuleiro de damas ou de xadrez e também avental, como o francês *tablier*) e outras ambiguidades para proclamar sua destreza no jogo amoroso. Em outra de suas canções eróticas – que denominei de "O teste do gato" – o "fatuus et lubricus" Guilherme narra, com delicioso humor, uma incrível peripécia amorosa de que participam o poeta (fingindo-se de mudo), duas mulheres e um gato bravo, e cujas linhas mais atrevidas, assinalando um fantástico recorde de virilidade que faria inveja ao "surmâle" de Alfred Jarry, aparecem citadas, como imagem da própria fertilidade humana, num dos primeiros "Cantos" – o de n. 6 – de Ezra Pound, que incorpora, ademais, um fragmento da biografia do trovador:

What you have done, Odysseus,
We know what you have done...
And that Guillaume sold out his ground'rents
(Seventh of Poitiers, Ninth of Aquitain).
   "Tant las fotei com auzirets
   "Cen e quatre vingt et veit vetz..."
The stone is alive in my hand, the crops
   will be thick in my death-year...
Till Louis is wed with Eleanor
And had (He, Guillaume) a son that had to wife
The Duchess of Normandia whose daughter
Was wife to King Henry e maire del rei jove...

O que fizeste, Odisseu,
Sabemos o que fizeste...
E que Guillaume liquidou as rendas de suas terras
(Sétimo de Poitiers, Nono de Aquitânia).
   "Tant las fotei com auzirets
   "Cen e quatre vingt et veit vetz..."
A pedra é viva em minha mão. Fartas
   colheitas no ano de minha morte...
Até que Louis desposou Eleonora
E teve (Ele, Guillaume) um filho que desposou

A Duquesa de Normandia cuja filha
Foi mulher do rei Henrique e maire del rei jove...[5]

Alfred Jeanroy omitiu, em sua edição bilíngue, a tradução de várias estrofes daqueles dois poemas (a última e mais a "coda" do "Teste do Gato" e as três derradeiras do "Lance de Dados"), além de uma canção inteira, dando apenas o seu texto original. O que levou André Berry a indagar, entre surpreso e decepcionado: "Mais, quel excès de vertu a empêché notre cher professeur de traduire tous les passagens réalistes?"[6] Ao contrário do que supunha o douto provençalista, quando afirmava, à guisa de justificativa, no prefácio à segunda edição das *Chansons* (datado de 1926): "on comprendra aisément pourquoi je n'ai pas traduit certains passages", é dificilmente compreensível, e chega a ser deplorável, essa manifestação de prudência tão sensitiva e tão pouco sensível, ainda mais em matéria erudita e especializada.

A equação verbal com que Oswald de Andrade armou um dos mais curtos, senão o mais curto poema que se conhece – *amor* (título), *humor* (poema) – bem poderia definir o *tonus* da mais representativa poesia de Guilherme IX, "esse Villon coroado", como o chamou André Berry. Mas Guilherme é capaz também do refinamento cortês, de fazer versos sobre o puro nada ("Farai un vers de dreyt nien:") e de cantar até, como Jaufre Rudel, *ses vezer,* a mulher desconhecida: "Amigu'ai ieu, no sai qui s'es, / Qu'an non la vi, si m'ajut fes;" (Tenho uma amiga, não sei quem é, / Pois nunca a vi, por minha fé;"); "... Anc non la vi et am la fort, / Anc no n'aic dreyt ni no·m fes tort;" ("Mesmo sem ver, amo demais / Quem não me fez nem bem nem mal;"). Porém, como anota Jeanroy, "Guilherme jamais se apresenta como indigno da mulher amada e não se derrama nunca em protestos de humilhação. Não somente o amor não assume caráter platônico, mas a expressão do desejo sensual reveste formas muito cruas, por vezes quase brutais".

Guilherme IX é o inaugurador da linha realista na poesia trovadoresca, onde vão entroncar as "Cantigas d'escarnho e de mal dizer" dos cancioneiros galego-portugueses dos séculos XIII e XIV, recém-exumadas do esquecimento por Rodrigues Lapa. A partir dessa poesia cortês do amor descortês pode-se rastrear toda uma grande tradição cuidadosamente amordaçada e amortecida pelos rituais do bom tom literário, e que cumpre recuperar para a saúde e a vitalidade das artes. De Guilherme IX aos "poetas malditos" do maldizer. Destes – para ficarmos por ora em língua portuguesa – a Gregório de Matos. De Gregório a Oswald. Amor e humor[7].

---

5. Tradução conjunta de A. e H. de Campos e D. Pignatari, dos *Cantares* de Ezra Pound, Rio de Janeiro, ed. do Serviço de Documentação do Ministério de Educação e Cultura, 1960.

6. André Berry, *Florilège des Troubadours*. Paris, Firmin-Didot, 1930.

7. *Nota para esta edição:* Em 1969, surpreendentemente, apareceu a primeira edição completa, inexpurgada, das poesias de Gregório de Matos. James Amado fez pelo grande baiano o que Rodrigues Lapa fizera pelos trovadores do maldizer. E Oswald já vinha e vem vindo. Oswaldivivo.

GUILHEM DE PEITIEU (1071-1127)

VERS

En Alvernhe, part Lemozi,
M'en aniey totz sols a tapi:
Trobei la moller d'en Guari
    E d'en Bernart;
Saluderon mi simplamentz
    Per sant Launart.

La una·m diz en son latin:
"E Dieus vos salf, don pelerin;
Mout mi semblatz de bel aizin,
    Mon escient;
Mas trop vezem anar pel mon
    De folla gent".

Ar auzires qu'ai respondut;
Anc no li diz ni bat ni but,
Ni fer ni fust no ai mentaugut,
    Mas sol aitan:
"Babariol, babariol,
    Babarian".

So diz n'Ag nes a n'Ermessen:
"Trobat avem que anam queren.
Sor, per amor Deu, l'alberguem,
    Que ben es mutz,
E ja per lui nostre conselh
    Non er saubutz".

GUILHEM DE PEITIEU (1071-1127)

O TESTE DO GATO

Em Auverne, após Lemosi,
Eu andava só, quando vi
Duas mulheres, a de Guari
   E a de Bernardo;
Saudaram-me gentilmente
   Por São Leonardo.

E uma me disse em seu latim:
"Deus vos salve, dom peregrino;
Pareceis ser um moço fino
   E educado;
Mas a aparência engana, há tolos
   Por todo lado".

Sabeis o que lhe respondi?
Eu não disse nem *ba* nem *bi,*
Nem *pau* nem *pão.*
Só devolvi
   Alto e bom som:
"Babariol, babariol,
   Babarion".

"Disse Agnes para Ermessen:
"Irmã, este é o que nos convém.
Pelo amor de Deus, o detém.
   O homem é mudo.
Estamos garantidas. Ele
   Calará tudo".

La una·m près sotz son mantel,
Menet m'en sa cambra, al fornel.
Sapchatz qu'a mi fo bon e bel,
    El focs fo bos,
Et eu calfei me volentiers
    Als gros carbos.

A manjar mi deron capos,
E sapchatz ac i mais de dos,
E no·i ac cog ni cogastros,
    Mas sol nos tres,
E·l pans fo blancs e·l vins fo bos
    E·l pebr' espes.

"Sor, aquest hom es enginhos,
E laissa lo parlar per nos:
Nos aportem nostre gat ros
    De mantement,
Que·l fara parlar az estros,
    Si de re·nz ment".

N'Agnes anet per l'enujos,
E fo granz et ag loncz guinhos:
Et eu, can lo vi entre nos,
    Aig n'espavent,
Qu'a pauc non perdei la valor
    E l'ardiment.

A outra cobriu-me com seu manto,
E ao seu quarto me foi levando.
Boa lareira, fogo brando,
    Que bela casa!
E eu no calor daqueles grandes
    Carvões em brasa...

Deram-me de comer, depois,
Capões: nada mais que dois.
Não vi ninguém. Éramos, pois,
    Só três à mesa.
Pão branco e vinho do melhor,
    Pimenta à bessa.

"Irmã, e se ele é algum gaiato
Que banca o mudo pelo prato?
Façamos o teste do gato.
    Assim somente
Veremos se ele é mudo mesmo
    Ou se ele mente".

Vai daí, Agnes sai da mesa
E volta com uma surpresa:
O gato ruivo, sobremesa.
    Senti tal frio
Que pensei perder mesmo a fala
    E todo o brio.

Quant aguem begut e manjat,
Eu mi despoillei a lor grat.
Detrás m'aporteron lo gat
    Mal e felon;
La una·l tira del costat
    Tro al tallon.

Per la coa de mantenen
Tira·l gat et el escoissen:
Plajas mi feron mais de cen
    Aquelle ves;
Mas eu no·m mogra ges enguers,
    Qui m'ausizes.

"Sor, diz n'Agnes a n'Ermessen,
Mutz es, qe ben es conoissen;
Sor, dei banh nos apareillem
    E dei sojorn".
Ueit jorns ez encar mais estei
    En aquel forn.

Tant las fotei com auzirets:
Cen e quatre vint et ueit vetz,
Q'a pauc no·i rompei mos corretz
    E mos arnes;
E no·us puesc dir lo malaveg,
    Tan gran m'en près.

Ges no·us sai dir lo malaveg,
    Tan gran m'en près.

Depois de comido e bebido
Eu me despi, a seu pedido.
Pois me jogaram o maldito
    Gato na pele.
Do alto da espinha ao calcanhar
    Uma o impele.

Pela cauda ambas o sustem.
Feridas, me fez mais de cem,
Com suas garras me deixou sem
    Carne quase.
Mas aguentei a mão, de medo
    Que me matassem.

"Irmã", (ouvi, por fim) *"oremus,*
É mudo, tal como queremos.
Ao amor, então. Preparemos
    Um banho morno".
Fiquei por mais de uma semana
    Naquele forno.

Tanto trepei, quanto ouvireis:
Cento e oitenta e oito vezes.
Quase que rompo minhas bragas
    E meu arnês.
Nem sei dizer, tamanho o estrago
    Que isso me fez.

Mal sei dizer, tamanho o estrago
    Que isso me fez.

VERS

Ben vuelh que sapchon li pluzor
D'est vers si's de bona color,
Qu'ieu ai trag de mon obrador:
Qu'ieu port d'ayselh mestier la flor,
    Et es vertaz,
E puesc ne traire·l vers auctor
    Quant er lassatz.

Ieu conosc ben sen e folhor,
E conosc anta et honor,
 Et ai ardimen e paor;
E si·m partetz un juec d'amor
    No suy tan fatz
No·n sapcha triar lo melhor
    D'entre·ls malvatz.

Ieu conosc ben selh qui be·m di,
E selh qui·m vol mal atressi,
E conosc ben selhuy qui·m ri,
E si·l pro s'azauton de mi,
    Conosc assatz
Qu'atressi dey voler lor fi
    E for solatz.

Mas ben aya sel qui·m noyri,
Que tan bo mestier m'eschari
Que anc a negu non falhi;
Qu'ieu sai jogar sobre coyssi
    A totz tocatz;
Mais en say de nulh mo vezi,
    Quai que·m vejatz.

O LANCE DE DADOS

Quero que saibam o valor
Da canção, se de boa cor,
Que elaborei com meu calor:
Neste mister eu levo a flor,
    Ninguém me bate,
Irei prová-lo assim que for
    Dado o remate.

Conheço bem senso e loucura,
Conheço honra e desventura,
Já senti pavor e bravura;
Mas se propõem jogo de amor
    Não fico atrás;
Escolho sempre o que é melhor
    Do que me apraz.

Conheço bem quem me quer bem
E sei quem me quer mal também,
Quem ri de mim, quem me convém,
E se de mim se achega alguém
    Sei muito mais:
Como saber prezar a quem
    Prazer lhe faz.

Bem haja aquele de onde vim,
Pois que soube fazer de mim
Alguém tão bom para esse fim;
Que eu sei jogar sobre coxim
    De qualquer lado;
Não há ninguém que o faça assim,
    Por mais dotado.

*Dieu en lau e Sanh Jolia:
Tant ai après del juec doussa
Que sobre totz n'ai bona ma,
E seih qui cosselh mi querra
    Non Ter vedatz.
Ni us de mi noa tornara
    Descosselhatz.*

*Qu'ieu ai nom "maiestre certa":
Ja m'amigu' anueg no m'aura
Que no·m vuelh'aver Tendema;
Qu'ieu suy d'aquest mestier, so·m va.
    Tan ensenhatz
Que be·m sai guazanhar mon pa
    En totz mercatz.*

*Per o no m'auzetz tan guabier
Qu'ieu non fos rahusatz l'autr'ier,
Que jogav'a un joc grossier,
Que·m fon trop bos al cap primier
    Tro fuy 'ntaulatz;
Quan guardiey, no m'ac plus mestier,
    Si·m fon camjatz.*

*Mas elha·m dis un reprovier:
"Don, vostre dat son menudier,
Et ieu revit vos a doblier".
Fis m'ieu: "Qui·m dava Monpeslier,
    Non er laissatz".
E leviey un pauc son taulier,
    Ab ams mos bratz.*

Bendigo a Deus e a São Julião
Por tão bem cumprir a missão
E jogar com tão boa mão.
Se alguém precisa de lição
   Que venha logo:
As que vierem voltarão
   Sabendo o jogo.

Chamam-me "o mestre sem defeito":
Toda mulher com quem me deito
Quer amanhã rever meu leito;
Neste mister sou tão perfeito,
   Tenho tal arte,
Que tenho pão e pouso feito
   Por toda a parte.

E não me digam que isto é prosa.
Ainda outro dia tive a prova,
Jogando uma partida nova.
Saí-me bem no meu primeiro
   Lance de dados;
Não vi os de nenhum parceiro
   Tão bem jogados.

Mas ela disse, com desprezo:
"Os vossos dados não têm peso,
Vos desafio a uma outra vez".
E eu: "Montpelier não vale o preço
   Destes pedaços".
E ergui-lhe o avental xadrez
   Com os dois braços.

Et quant l'aic levat lo taulier,
  Empeis los datz,
E·ill duy foron cairavallier
  E·l terz plombatz.

E fi·ls fort ferir al taulier
  E fon joguatz.

Depois de erguer o tabuleiro,
    Joguei os dados:
Dois foram cair colados,
    E o terceiro

Feriu no meio o tabuleiro.
    E estão lançados.

CANZO

Farai un vers de dreyt nien:
Non er de mi ni d'autra gen,
Non er d'amor ni de joven.
    Ni de ren au,
Qu'enans fo trobatz en durmen
    Sobre chevau.

No sai en qual hora·m fuy natz:
No suy alegres ni iratz,
No suy estrayns ni sui privatz,
    Ni no·n puesc au,
Qu'enaissi fuy de nueitz fadatz,
    Sobr' un pueg au.

No sai qu'ora·m suy endurmitz
Ni quora·m velh, s'om no m'o ditz.
Per pauc no m'es lo cor partitz
    D'un dol corau;
E no m'o pretz una soritz,
    Per sanh Marsau!

Malautz suy e cre mi murir,
E ren no·m sai mas quan n'aug dir;
Metge querrai al mieu albir,
    E no sai cau;
Bos metges er si·m pot guérir,
    Mas non, si amau.

CANÇÃO
Fiz um poema sobre nada:

Não é de amor nem é de amada,
Não tem saída nem entrada,
   Ao encontrá-lo,
Ia dormindo pela estrada
   No meu cavalo.

Eu não sei quando fui gerado:
Não sou alegre nem irado,
Não sou falante nem calado,
   Nem faço caso,
Aceito tudo o que me é dado
   Como um acaso.

Não sei quando é que adormeci,
Quando acordei também não vi,
Meu coração quase parti
   Com o meu mal,
Mas eu não ligo nem a ti,
   Por São Marcial.

Estou doente e vou morrer,
Não sei de quê, ouvi dizer,
A um médico vou recorrer,
   Mas não sei qual,
Será bom se me socorrer
   E se não, mau.
Amigu'ai ieu, no sai qui s'es,

Qu'anc non la vi, si m'ajut fes;
Ni·m fes que·m plassa ni que·m pes,
    Ni no m'en cau,
Qu'anc non ac Norman ni Frances
    Dins mon ostau.

Anc non la vi et am la fort,
Anc no n'aic dreyt ni no·m fes tort;
Quan non la vey, be m'en déport.
    No·m pretz un jau,
Qu'ie·n sai gensor e bellazor,
    E que mais vau.

Fag ai lo vers, no say de cuy;
E trametrai lo a selhuy
Que lo·m trametra per autruy
    Lay ves Anjau,
Que·m tramezes del sieu estuy
    La contraclau.

Tenho uma amiga, mas quem é
Não sei nem ela sabe e até
Nem quero ver, por minha fé,
    Pouco me importa
Se há normando ou francês ao pé
    Da minha porta.

Eu não a vi e amo a ninguém
Que não me fez nem mal nem bem
E nem me viu.
Isso, porém,
    Tanto me faz,
Que eu sei de outra, entre cem,
    Que vale mais.

Finda a canção, não sei de quem,
Irei passá-la agora a alguém
Que a passará ainda além
    A amigo algum,
Que logo a passará também
    A qualquer um.

Marcabru

3. Marcabru, Contra o Amor

O *trobar dus, escur* ou *cobert*, a poesia fechada (oclusa), obscura ou encoberta, teve entre os seus maiores praticantes Marcabru, Raimbaut d'Aurenga e Arnaut Daniel. Nestes últimos adquiriu, ainda, as características de *trobar ric,* ou poesia rica, feita de rimas raras ("rimas escarsas"), palavras inventadas e ritmos novos. Marcabru, o mais velho, escreveu na primeira metade do século XII, entre 1129 e 1150 (datas prováveis).

Poesia sintética, antidiscursiva, produto de elipses e associações bruscas, o *trobar dus* era fechado para os ouvidos acostumados à retórica palavrosa, e oposto ao *trobar plan* ou *plat*, plano ou simples (ou chato, quem sabe). Hoje, a síntese é um dos parâmetros fundamentais do texto poético. "Concisão e precisão", disse Maiakóvski, prescrevendo esses atributos das "fórmulas matemáticas" como única forma admissível para a poesia. *Dichten = Condensare*, escreveu Pound, para quem a poesia seria também uma espécie de "matemática inspirada". Marcabru está vivo.

Em língua portuguesa praticaram essa modalidade de poesia, por exemplo, um Sá de Miranda em seus sonetos ("Ah vaidade, / ricas areias deste Tejo e Douro!") ou em trovas como "Não vejo o rosto a ninguém", um Sousândrade no *happening* epigramático do seu "Inferno de Wall Street". Desses poetas se pode dizer, deixando de lado a periodologia literária, o que disse Rodrigues Lapa de Sá de Miranda: "Estamos habituados aos escritores fáceis e chamamos obscuridade o que é muitas vezes uma estranha e maravilhosa operação de síntese. Sá de Miranda, ao invés de outros escritores, procura dizer o máximo com um mínimo de palavras; a expressão adquire assim valor elíptico, sugerindo muito mais do que diz. Esta contorsão ascética dos meios expressivos não está nos moldes da nossa tradição de tagarelas e afigura-se-nos como obscuridade e desarticulação do pensamento". Os escritores do *trobar dus* não procuravam a obscuridade pela obscuridade, afirma Pound, como afirmaria Rodrigues Lapa: "Convém notar que Sá de Miranda, como bom clássico, era amigo da clareza, segundo se diz no prólogo da comédia *Os Estrangeiros:* 'A mim nunca me aprouveram escuridões, nem falo se não para que me entendam. Quem tal quiser, não fale, e tirará de trabalho a si e a outrem'"[8].

O que há, pois, essencialmente, no *trobar dus*, é, para ainda lembrar uma formulação de Rodrigues Lapa sobre Sá de Miranda, "uma notável economia dos elementos do discurso". Não há dúvida que o *trobar dus* por vezes leva a síntese a um ponto tão extremado que pode confundir-se com

---

[8]. *Sá de Miranda – Poesias* – Seleção, prefácio e notas de Rodrigues Lapa, Lisboa, 1942, p. XII-XIII.

uma certa imprecisão de ideias. Mas, como acentua Henri Davenson[9], "o *trobar dus*, e sua variante ou decorrência, o *trobar ric*, o estilo 'artista', provêm de uma estética de tipo mallarmeano e não *à la Rimbaud*: a obscuridade é conquistada voluntariamente, laboriosamente e serve para revestir de ornamentos esplêndidos ou inesperados uma proposição que se poderia exprimir claramente".

Ao contrário do que se poderia supor, o *trobar clus* não implica necessariamente no confinamento ou na introspecção. Marcabru, por exemplo, foi uma espécie de "boca do inferno" provençal. Sua poesia é violenta e virulenta e, segundo uma de suas biografias *(razos)*, ele "foi muito famoso e andou pelo mundo e foi temido por sua língua e foi tão maldizente que finalmente o mataram os castelães de Guyenne, dos quais havia dito muito mal". Essa mesma *razo* afirma que Marcabru depois de nascer, "foi lançado à porta de um homem rico e ninguém soube quem era ou de onde vinha". Uma outra biografia informa que o poeta era "filho de uma pobre mulher chamada Maria Bruna" (o que é confirmado por Marcabru no poema que acompanha este estudo) e que ele fez "tristes versos e tristes serventeses, e falou mal das mulheres e do amor". Define-o bem André Berry, no seu *Florilège des Troubadours*: "Espírito poderoso, bizarro, conciso e tenebroso, poeta quase bíblico, dotado de uma invenção rítmica prodigiosa, ele abre, desde a primeira metade do século XII, com gritos de ódio e enormes imprecações, a marcha dos grandes trovadores".

Marcabru segue a linha realista do mais antigo poeta provençal, Guilhem de Peitieu, o *maiestre certa*, mestre perfeito nos jogos do amor e do humor. Mas ao passo que este se notabilizou pelas bravatas de sua lírica donjuanesca, Marcabru é – segundo Anglade – um dos raros trovadores, com Peire Cardenal, cuja obra se revela, no conjunto, hostil às mulheres. Isso não o impediu de escrever pastorelas em que narra o assédio apaixonado a uma aldeã, ou os "estorninhos" em que manda o seu pássaro mensageiro dizer à amada que não terá paz enquanto não souber onde ela jaz, "nua ou vestida". São terríveis as suas diatribes contra as prostitutas. Eis duas estrofes de sua mais renomada canção versando esse tema:

Salomão diz e sustenta:
É doce como pimenta
Que partida é mais pungente,
Amarga e má como serpente.
    Tem feitiçaria

---

9. Henri Davenson, *Les Troubadours*. Seuil, Paris, 1961. Na 2ª edição do livro (1971), se revela que Henri Davenson é pseudônimo de Henri-Irénée Marrou. P. 73 da 2ª edição.

>   Essa maldita.
>   Quem com ela se alia
>   Cai em desdita.
>
> À Quimera é semelhante,
> Serpente atrás, leão adiante,
> Boi no meio, sem ter bastante
> Do cavalo ou do elefante.
>   Quem de pixe fervente
>   A revestisse
>   Veria como é por dentro
>   A meretriz.

O trovador compara as mulheres de vida fácil a um monstro híbrido em cuja composição predomina a ferocidade das bestas selvagens sobre a nobreza dos animais estimados como o cavalo e o elefante.

Estou certo de que ninguém há de aceitar as advertências de Marcabru na sua curiosa canção "Escoutatz" (Cuidado!), que é, apesar de tudo, uma homenagem irada às delícias das torturas do amor. A sonoridade bizarra das rimas, que procurei preservar na tradução, reforça o tom grotesco que é uma das características do "humor negro" de Marcabru. Filho enjeitado de Marcabruna, engendrado numa lua estranha, Marcabru, o moralista imoral (pois os nossos códigos de moral mal suportam o seu verbo violento), prega sozinho contra a mulher e contra o amor. Do século XII ao século XX sua voz amarga verbera e reverbera até nós.

MARCABRU (c. 1130-1150)

ESCOUTATZ!

Dirai vos senes duptansa
D'aquest vers la comensansa;
Li mot fan de ver semblansa;
    – Escoutatz! –
Qui ves Proeza balansa
Semblansa fai de malvatz.

Jovens faill e fraing e brisa,
Et Amors es d'aital guisa
De totz cessals a ces prisa,
    – Escoutatz! –
Chascus en pren sa devisa,
Ja pois no·m sera cuitatz.

Amors vai com fa belluja
Que coa·l fuec en la suja
Art lo fust e la festuja,
    – Escoutatz! –
E non sap vas qual part fuja
Cel qui del fuec es gastatz.

Dirai vos d'Amor com signa;
De sai guarda, de lai guigna.
Sai baiza, de la rechigna,
    – Escoutatz! –
Plus sera dreicha que ligna
Quand ieu serai sos privatz.

MARCABRU (c. 1130-1150)

CUIDADO!

Direi logo sem tardança,

Para doer na lembrança,
Meu verso que não se cansa:
— Cuidado! —
Quem diante do Amor balança
Cansará de andar errado.

A velhice enruga o rosto,
Mas o Amor, sempre disposto,
A todos cobra o seu gosto:
— Cuidado! —
Todos pagam esse imposto
Que nunca será quitado.

Amor é como a fagulha
Adormecida na hulha,
Que o fogo desembrulha:
— Cuidado! —
Não pode fugir o pulha
Que pelo fogo é fisgado.

Direi do Amor como isca,
Que ora olha e ora pisca,
Ora beija, ora mordisca:
— Cuidado! —
Será mais reto que risca
Se eu estiver a seu lado.
Amors soli' esser drecha,

*Mas er' es torta e brecha
Et a coillida tal decha
   – Escoutatz! –
Lai ou non pot mordre, lecha
Plus aspramens no fai chatz.*

*Greu sera mais Amors vera
Pos del mel triet la cera
Anz sap si pelar la pera;
   – Escoutatz! –
Doussa' us er com chans de lera
Si sol la coa·l troncatz.*

*Ab diables pren barata
Qui fais' Amor acoata,
No·il cal c'autra verga·l bata;
   – Escoutatz! –
Plus non sent que ce! qui·s grata
Tro que s'es vius escorjatz.*

*Amors es mout de mal avi;
Mil homes a mortz ses glavi,
Dieus non fetz tant for gramavi;
   – Escoutatz! –
Que tot nesci del plus savi
Non fassa, si·l ten al latz.
Outrora o Amor era honesto,*

Agora é torto e funesto,
É como um gato molesto:
  – Cuidado! –
Ou te morde ou lambe, lesto,
Com língua de lixa armado.

Sua lei é traiçoeira,
Toma o mel e deixa a cera,
Só para si pela a pera:
  – Cuidado! –
Para tê-lo na coleira
Melhor é vê-lo castrado.

Quem ao falso Amor se ata,
Com o diabo contrata,
Dá o dorso à chibata;
  –   Cuidado! –
Quem muito se esgaravata,
Acaba sendo escorchado.

O Amor nada tem de belo,
Mata a gente sem cutelo,
Deus não fez pior flagelo;
  – Cuidado! –
Ao fero fará farelo
O Amor, se não for domado.
Amors a uzatge d'ega

*Que tot jorn vol c'om la sega
E ditz que no·l dara trega
    – Escoutatz! –
Mas que puej de leg' en lega,
Sia dejus o disnatz.*

*Cujatz vos qu'ieu non conosca
D'Amor s'es orba o losca?
Sos digz aplan' et entosca
    – Escoutatz! –
Plus suau poing qu'una mosca
Mas plus greu n'es hom sanatz.*

*Qui per sen de femna reigna
Dreitz es que mals li·n aveigna,
Si cum la letra·ns enseigna;
    – Escoutatz! –
Malaventura-us en veigna
Si tuich no vos en gardatz!*

*Marcabrus, fills Marcabruna,
Fo engenratz en tal luna
Qu'el sap d'Amor cum degruna,
    – Escoutatz! –
Quez anc non amet neguna,
Ni d'autra non fo amatz.
Amor faz ao modo de égua:*

Todo o dia te carrega
E nunca mais te dá trégua;
   – Cuidado! –
Que lá vai de légua em légua
Correndo desenfreado.

Eis como o Amor se aparelha:
Ele é cego e olha de esguelha,
Leve língua, atenta orelha;
   – Cuidado! –
Morde mais doce que abelha,
Porém custa a ser curado.

Quem de mulheres é amigo
Com razão sofre castigo,
A Escritura diz comigo:
   – Cuidado! –
Ficarás ao desabrigo
Se não fores avisado.

Marcabru, de Marcabru'a,
Foi engendrado em tal lua
Que sabe o Amor como atua:
   – Cuidado! –
Ainda que do Amor não frua,
Não ame nem seja amado.

4. Arnaut Daniel, o Inventor

Os provençais desenvolveram, como disse Ezra Pound, "uma arte entre a literatura e a música", uma técnica de alta precisão no ajuste de *motz* e·l *son* (palavra ao som). Arte complexa, que não visava apenas a encantar com agradáveis efeitos melopaicos mas, muitas vezes, a instigar e provocar o ouvido com dissonâncias, com entrechoques das palavras, do som e da linguagem ("desacordar los motz e·l sos e·l lenguatges").

EP fez justiça àquele que é, nesse sentido, o maior dos poetas provençais: Arnaut Daniel (1180-1210?), "il miglior fabbro del parlar materno" (o melhor artífice da língua materna), segundo o juízo de Dante Alighieri (*Purgatório*, XXVI, 140). Colocou-o exemplarmente entre os "inventores" – o mais alto posto da sua classificação dos escritores. Traduziu-lhe os melhores e mais difíceis poemas, dedicando-lhe dois estudos especiais – "Il Miglior Fabbro" e "Arnaut Daniel". Arnaut foi, por assim dizer, recuperado para a poética moderna por Pound. É verdade que foi muito estimado pelos poetas da Idade Média como hábil artesão do verso. Além de Dante, também Petrarca depôs nos *Trionfi* (III, 40-42): "Fra tutti il primo Arnaldo Daniello, / Gran maestro d'amor, ch'alla sua terra / Ancor fa onor col suo dir strano e bello". Mas, como observa Sigismundo Spina, "a posteridade julgou de maneira diferente, a partir da crítica romântica, e para alguns, como Raynouard e Alfred Jeanroy, o poeta cinzelador do verso não ultrapassou a aridez marmórea do sentimento nem nunca se distanciou tanto do ideal romântico e da poesia da natureza, muito menos conseguiu ter uma grande originalidade". Para o provençalista Alfred Jeanroy – diz Spina – Arnaut Daniel não ultrapassou a frívola trivialidade e a esquisitice pueril; nega-lhe originalidade de pensamento, chegando mesmo a falar numa "insignificância total do pensamento" arnaldiano, depois de analisar as peripécias e o malabarismo verbal do trovador[10].

Pound, no entanto, com seu *furore* – a expressão é dele – sobre Arnaut, subscreve e revalida a opinião de Dante, interrompendo os rituais acadêmicos que haviam condenado às coleções de antiqualhas e excentricidades a obra do trovador provençal. Em "How to Read"[11], ao dar a sua classificação dos escritores (os inventores, os mestres, os diluidores, os que escrevem no estilo da época, os *belles lettres*, os lançadores de manias),

---

10. Sigismundo Spina, *Apresentação da Lírica Trovadoresca*, Livraria Acadêmica, Rio de Janeiro, 1956, p. 66 e 206. O próprio Spina, embora se recuse a colocar Daniel acima de todos, por entender que pelo conteúdo teria navegado "nas mesmas águas cansadas em que deixaram correr seus barcos os outros trovadores", considera-o "o maior poeta barroco do seu tempo", afastando-se, com esse juízo, dos que negam maior significação à obra do poeta.

11. Publicado pela primeira vez no *New York Herald*, 1927 ou 1928, e reapresentado em *Literary Essays of E.P.*

inclui Arnaut entre os primeiros: "Os *inventores*, descobridores de um processo particular ou de mais de um modo ou processo. Algumas vezes essa gente é conhecida, ou pode ser descoberta; por exemplo, sabemos, com razoável certeza, que Arnaut Daniel introduziu certos métodos de rimas, e sabemos que certas sutilezas de percepção apareceram primeiro em tal ou qual trovador ou em G. Cavalcanti". E na monografia sobre Arnaut, subtitulada *razó* e escrita no estilo desses relatos, com superabundância de conectivos, diz textualmente: "E En Arnaut foi o melhor artista entre os provençais, experimentando a linguagem em novos estilos, e trazendo novas palavras para as composições e realizando novas combinações com as palavras, de sorte que ele ensinou muito a Messire Dante Alighieri como se pode ver estudando En Arnaut e o *De Vulgari Eloquio*; e quando Dante já era velho e tinha meditado bastante sobre o assunto, disse simplesmente: 'il miglior fabbro'."

Depois de Pound, estudiosos como André Berry e Robert Briffault alinharam-se entre os defensores de Arnaut. Escreve Berry: "Arnaut Daniel é o primeiro, em valor e em data, de nossos grandes versificares; nossa poesia não conheceu mais sábio artesão. Puro cérebro dotado de uma genial extravagância, esse místico da rima, esse devoto do estilo, esse devaneador cheio de virtuosismo, sabe também encerrar em poderosos símbolos as alegrias e as vaidades do amor. Digno precursor dos dois ilustres italianos que o celebraram como mestre, ensinou-lhes não somente a escrever, mas a pensar. E não é ele em França o verdadeiro criador da poesia hermética?"[12] Esta última afirmação, descontada a nebulosidade do termo "hermética" e suas equívocas conotações, não deixa de ser pertinente e sugestiva. Pois, realmente, seria preciso esperar que se passassem 7 séculos (Arnaut escreveu, ao que se supõe, entre 1180 e 1200) para que um Mallarmé, com seus "abolis bibelots d'inanité sonore", pudesse retomar e desenvolver o fio dessa poesia de condensações semânticas e complexidades melopaicas, lançado, "contra a maré", pelo inventor de "L'Aura Amara".

Eu sou Arnaut que amasso o ar (que amo Laura) / E caço a lebre com o boi / E nado contra a maré. (*Ieu sui Arnautz qu'amas l'aura / E chatz la lebre ab lo bou / E nadi contra suberna.*). Eis como se definia a si próprio o poeta, exprimindo num terceto condensado, de uma síntese digna da tradição dos haicais, através da enumeração de três impossibilidades – a que se vem somar, por via do trocadilho, a do seu amor por Laura – o seu inconformismo de poeta e de amante.

12. André Berry, op. cit., p. 186-187.

Participando ao mesmo tempo do *trobar dus* e do *trotar ric*, isto é, praticando uma poesia que se caracterizava, simultaneamente, pela extremada condensação do pensamento e pela invenção formal, Arnaut Daniel foi, por muito tempo, tido como poeta obscuro e afetado. Contudo, o *trobar dus* não repele uma semântica de cunho realista, adequando-se tanto às virulentas invectivas de Marcabru como à escatologia erótica de certas peças de Arnaut Daniel, em que o trovador – no dizer de Robert Briffault – não hesita em fazer uso de uma linguagem que ultrapassa o jargão do Conde de Poitiers. Segundo assinala o mesmo Briffault, "Arnaut Daniel, o grande protagonista do *trobar dus*, recusava a banalidade, a palavra consagrada, a frase feita, descolorida pela eloquência rotineira. Sua procura do inusitado, do inesperado, nada tem a ver com o preciosismo florido em que mergulhará a virtuosidade italiana, nem com a esfumada nebulosidade em que, na perseguição do mistério, soçobrará grande parte da poesia moderna. Bem ao contrário: uma concisão que penetra até a medula, uma elipse ousada, nada de termos inúteis, nada de exotismo ou de palavra nobre; antes, quando a perífrase é evitada, a palavra, o fraseado vulgar, grosseiro mesmo. Estas são as características de Arnaut e serão as de Dante"[13].

Mas é, acima de tudo, para o inventor de inéditas melopeias, para o construtor de uma poesia cujo maior mérito estaria "numa arte entre a literatura e a música" que Pound prefere chamar a atenção. Nenhum dentre os provençais, nem Dante depois – afirma o poeta norte-americano – chegaram a pensar, como Arnaut, numa *estética do som*; sons claros e sons opacos, como em *Sois sui que sai lo sobrafan que'm sortz / Al cor, d'amor sofreu per sobramar* (Somente eu sei o sobrafã que sente / O coração sofrente a sobramar); e em "Doutz brais" e "L'aura amara", um som claro, com *staccato*; ou batidas pesadas e batidas ligeiras e corridas, como em "Can chai la fueilla" (Quando cai a folha)[14]. Eis outro exemplo típico das melopeias de Arnaut: *Eu breu brisaral temps braus, / Eill bisa busina els brancs*. Na mesma pauta aliterativa, encontramos: *Er vei vermeils, vertz, blaus, blancs, gruocs / Vergiers, plans, plais, tertres e vaus*; (Vejo vermelhos, verdes, blaus, brancos, cobaltos / Vergéis, plainos, planaltos, montes, vales;) – estrofe que termina com uma alusão críptica à árvore do amor e cuja última palavra *(noigandres)* chegou a ser considerada indecifrável pelo grande provençalista alemão Emil Levy: *Som met en cor qu'ieu colore mon chan / D'un aital flor don lo fruitz sia amor, / E jois lo grans, e l'olors de noigandres*.

13. Robert Briffault. *Les Troubadours et le Sentiment Romanesque*. Paris, Les Éditions du Chêne, 1945, p. 16 e 101.
14. Ezra Pound, "Arnaut Daniel", em *Literary Essays of E.P.* London, Faber & Faber, 1954, p. 114.

(então meu coração quer que eu colora o canto / De uma flor cujo fruto é só de amor, / O grão só de alegria e o olor de noigandres)[15].

O poema "L'aura amara", que André Berry considera "o mais prodigioso esforço da virtuosidade provençal"[16], e no qual, segundo Pound, o poeta não se refere apenas ao canto dos pássaros, mas consegue fazer com que os pássaros, efetivamente, "cantem EM SUAS PALAVRAS"[17], é talvez aquele em que melhor se manifestou o gênio melopáico de Arnaut Daniel. A composição merece ser analisada com detalhe em sua estrutura. Trata-se, em princípio, de 6 estâncias com 7 versos de 8 a 10 pés cada uma (deixando-se de lado a *coda* ou *tornada,* dedicatória final, em três versos de 10 pés). Além das 7 rimas terminais, há, em cada estrofe, mais 10 rimas internas, totalizando-se portanto 17 rimas, das quais 13 diferentes entre si. Dentre estas, 10 não funcionam como rimas na própria estrofe em que ocorrem, mas somente em relação às demais estrofes, nas quais devem reaparecer todos os 17 sons, na mesma ordem, ou seja: a-B-c-D-e-f-G-b-h-H-i-c-J-1-M-c-N (as maiúsculas indicam as rimas finais). Rima-se, pois, essencialmente, de estrofe a estrofe, a primeira linha da primeira estrofe com a primeira das demais, etc, embora as rimas se entrelacem em cada estância através de um jogo sutil de onomatopeias *(-etz, -ecs, -ene, -utz, -ortz)* que no dizer de Pound, é capaz de transmitir "o som do irado chilrear dos pássaros no outono". Esse esquema único acaba interferindo na própria estrutura rítmica do poema, gerando aquele *staccato* de que fala Pound, pois que, de 8-8-8-8-8-10-10-10 pés, as linhas passam a compor-se em 3-4-2-6-2-1-5-4-1-3-4-4-2-4-6-4-6 pés, uma polirritmia talvez inspirada também no canto dos pássaros. Por isso mesmo, embora alguns estudiosos,

---

15. Pound interrogou a esse respeito "o velho Levy". Ver o Canto XX dos seus *Cantos ou Cantores:* "...Sim, Doutor, o que querem dizer com *noigandres?"* / E ele disse: "Noigandres! NOIgandres! Faz seis meses já / Toda noite, qvando fou dormir, digo para mim mesmo: / Noigandres, eh, noigandres, / Mas que DIABO querr dizer isto?" A partir de 1952, Décio Pignatari, Haroldo de Campos e eu passamos a publicar nossos poemas numa revista-livro a que demos o título de NOIGANDRES, tomando a enigmática expressão provençal como símbolo da invenção e lema de pesquisa e experimentação poética. *Nota para esta edição:* Recentemente o crítico Hugh Kenner, reinterpretando todo o Canto XX, demonstra que Levy, na verdade, ao cabo dos seis meses, descobrira o significado da palavra NOIGANDRES. A linha, *e jois lo grans, e l'olors de noigandres* fora assim reconstituída pelo sábio alemão: *ejois lo grans, e l'olors d'enoi gandres.* A segunda parte de NOIGANDRES seria derivada do verbo *gandir* (proteger); *enoi* seria forma cognata da moderna palavra francesa *ennui.* Portanto, um olor *d'enoi gandres,* que protege do tédio, antídoto do tédio: o grão só de alegria e o olor contra o tédio. (Consultar Hugh Kenner, *The Pound Era,* London, Faber & Faber, 1971, p. 112-118, e Emil Levy, *Provenzalisches Supplement-Wörterbuch* – verbete *gandir,* p. 35, vol. IV(G-L), 1904).

16. André Berry, op. cit., p. 456.
17. Ezra Pound, *ABC of Reading.* London, Faber & Faber, 1951, p. 53.

como André Berry, mantenham a apresentação gráfica do poema em estâncias de 7 versos, limitando-se a salientar as rimas internas com a interpolação de pequenos espaços em branco entre estas e as palavras seguintes, outros, como Lavaud, preferem dispor o poema em tantas linhas quantas as rimas, estruturação que me parece muito mais funcional e que lhe dá um aspecto moderníssimo de verso-livre. Esta, igualmente, a apresentação preferida por Ezra Pound, que ousou empreender a tradução do poema para o inglês, logrando preservar-lhe o arranjo rímico e rítmico, embora afirme, modestamente, que não foi capaz de fazer "mais que um mapa das posições relativas da canção"[18]. Na primeira estrofe, além do jogo entre *L'aura* (o ar) e *Laura* (nome da amada do poeta), mais tarde vulgarizado por Petrarca, julgo ver ainda um outro artifício: a sucessão de palavras em ordem alfabética, de a a l *(aura amara... bruoils brancutz... clarzir... doutz... espeissa... fuoills)*.

Eis aí, em linhas gerais, a rica problemática formal desse poema. Cabe acrescentar que, muito embora haja em Arnaut diversos exemplos de uma concepção menos idealista da mulher, como o demonstra Robert Briffault, para quem "não existe, em suma, na obra de nenhum trovador do século XII ambiguidade quanto ao caráter sensual das emoções amorosas que compõem o tema", este poema é dos que maior tributo pagam à "feminolatria" do seu tempo. Não há, pelo menos, aqui, "aquela crueza que, a bem dizer, não tem símile em nenhuma outra literatura, e que nos desconcerta, postos de lado quaisquer falsos pudores, por sua ingenuidade"[19]. O que não impede, por certo, que seja esta uma das mais belas páginas da literatura amorosa provençal.

Em minha versão do poema, tratei de observar o principal esquema das rimas, assim como um ritmo aproximado, tanto quanto possível, do original, com algumas liberdades que se justificam ante a não pequena dificuldade da empresa. Não me foi possível manter o jogo *L'aura, Laura;* em compensação, preservei a ordem de abecedário na primeira estrofe. Adotando a apresentação gráfica de Lavaud-Pound, pelos motivos já apontados, pareceu-me interessante acrescentar-lhe a disposição das estrofes em sequência horizontal, o que facilita a visualização do esquema rímico. Para o melhor entendimento do provençal, utilizei-me principalmente das traduções de André Berry e Segismundo Spina. Não se trata, porém, no meu caso, de uma versão literal. Que o meu objetivo é, essencialmente, o de recriar em português alguma parcela que seja da poesia e da técnica

---

18. As traduções poundianas de Arnaut Daniel, que acompanham o estudo a este dedicado, encontram-se reproduzidas também no volume *The Translations of Ezra Pound*. London, Faber & Faber, 1953.
19. Robert Briffault, op. cit., p. 105.

poética do texto. Valha, ao menos, como homenagem há muito devida pelo grupo "noigandres" ao inventor Arnaut.

"L'Aura Amara", com suas 6 e meia estrofes de 17 rimas, seu complicado ritmo "staccato" e sua sonoridade agressiva – sua "estética de ruídos" –, "Sois sui que sai", com suas doces aliterações e assonâncias, e o enigmático "En cest sonet coind' e leri" (que tem também algo de arte poética) são alguns dos poemas que escolhi para ilustrar a extraordinária arte arnaldiana. Além deles, mais dois fragmentos significativos. As primeiras estrofes da canção "Doutz brais e critz", uma das mais belas de Arnaut, a que contém o *verso-touchstone* sobre o corpo da amada: *E que·l remir contra·l lum de la lampa* (E que o remire contra a luz do lume). E a única estrofe que Pouád traduziu da canção "Er vei vermeilz", onde aparece, numa alegoria da criação poética que funde som e cor, a palavra *noigandres*. Atente-se para o complexo sistema rímico de Arnaut: o poeta rima de estrofe a estrofe e não (necessariamente) dentro da mesma estrofe; sua técnica leva-o a usar 98 rimas em 17 canções, índice mais elevado que o de Raimbaut d'Aurenga (129 rimas em 34 poemas), o seu maior êmulo no "trobar ric", a poesia rica em valores formais.

A essas canções acrescentei, por último, a "Sextina". Inventada por Arnaut e mais tarde adotada por Dante ("Al poço giorno e ai gran cerchio d'ombra")[20], a sextina é composta de 6 estrofes de 6 linhas (e uma *coda* de 3), cujas 6 palavras terminais *(intra-ongla-arma-verga-oncle-cambra)* se alternam, segundo uma ordem permutativa matemática, de tal sorte que ao se chegar a 7ª estrofe tais palavras teriam de suceder-se obrigatoriamente na ordem inicial. A última palavra da 6ª linha de cada estrofe é sempre a 1ª da seguinte (estrofes *capfinidas*). Na *coda* as palavras reaparecem, duas a duas, em cada uma das três linhas. Embora não constituam rimas perfeitas, as palavras-chave se inter-relacionam fonicamente, em especial nos casos da assonância *arma-cambra* e da paronomásia *ongla-oncle*, que Arnaut sublinha na *coda*.

A sextina de Arnaut me desafiou anos a fio por causa da parelha *ongla-oncle*: em português, traduzida literalmente, daria "unha-tio", rompendo a tensão paronomástica. *"Ongla, oncle" saith Arnaut"*, ecoava Pound nos meus ouvidos (Canto VI), como que reiterando o desafio. Por fim, depois de ter-me encharcado até a alma do poema, cheguei à conclusão de que a perda de um parente próximo não deveria impedir a recriação desse maravilhoso poema de amor obsessivo em nossa língua. Livrei-me do pe-

---

20. Haroldo de Campos traduziu a sextina de Dante no seu estudo "Petrografia Dantesca". V. *Traduzir e Trovar*, de Augusto e Haroldo de Campos, Ed. Papyrus Ltda., S. Paulo, 1968, p. 77-79.

sadelo, montando a parelha "unha-sonho", sem perder de vista o tio, quase sempre por perto, para atrapalhar o trovador e o tradutor...

"A arte de Arnaut Daniel não é literatura – diz Pound –, é a arte de combinar palavras e música numa sequência onde as rimas caem com precisão e os sons se fundem ou se alongam. Arnaut tentou criar quase uma nova língua, ou pelo menos ampliar a língua existente e renová-la." "O Século XII, ou mais exatamente, o século cujo centro é o ano 1200, deixou-nos duas dádivas perfeitas: a igreja de San Zeno em Verona e as canções de Arnaut Daniel."

Há mais que aprender nos 18 poemas que dele restam do que em muitos maciços volumes de obras completas dos que vieram antes ou depois.

s, gara!	Si m'ampara	Doussa car'a
n vengutz?	cill que·m tralutz	totz aibs volgutz,
ir	d'aizir	sofrir
ar, si·m dezacuoills,	si qu'es de pretz capduoills,	m'er per vos mainz org
tz	del quetz	quar etz
	precs,	decs
s mieills que·t trencs;	c'ai dedinz a rencs,	de totz mos fadencs,
soi fis drutz	l'er fort rendutz	don ai mains brutz
	clars	pars.
vars;	mos pensars;	E gabars
ors ferms fortz	qu'eu fora mortz,	de vos no·m tortz,
cobrir	mas fa·m sofrir	ni·m fai partir
vers,	l'espers	avers,
tot lo nei	que·ill prec que·m brei,	c'anc non amei
ops us bais al chaut	c'aisso m·ten let e baut,	ren tant ab meins d'ufa
frezir,	que d'als jauzir	anz vos desir
·i val autra goma.	no·m val jois una poma.	plus que Dieu cill de Do

pára!	Se me ampara,	Face cara
ueres mais provar?	essa a quem vivo a orar,	que me faz pervagar
il tor-	no calor	sem temor,
s o teu pajem,	da sua hospedagem,	atrás de uma miragem,
	jus-	nos
	tifica os	becos,
us espinhos	meus descaminhos,	pelos caminhos
gudos	muda os	mais desnudos,
	pesares	por ares
gares.	dos meus pensares.	e por mares,
a é forte,	Mas antes morte	em louco esporte.
cor-	me propor	Surdo ao rumor
erso	adverso	perverso,
ebela	do que perdê-la,	somente a ela
de um salto	só meu sobressalto.	sobreamo, falto
a flor	Que o seu valor	de senso, amor
a, beijo e aroma.	é mais que qualquer soma.	maior que a Deus tem D

1. *Doma* — aldeia de Perigord, onde havia um mosteiro em local muito alto, e a cuja devoção a Deus parece referir-se o poeta.

ARNAUT DANIEL (1180-1210)

L'AURA AMARA

L'aura amara
fa·ls bruoills brancutz
clarzir,
que·l doutz espeissa ab fuoills,
e·ls letz
becs
dels auzels ramencs
ten balps e mutz,
pars
e non pars;
per qu'eu m'esfortz
de far e dir
plazers
a mains per liei
que m'a virat bas d'aut,
don tem morir
si·ls afans no m'asoma.

Tant fo clara
ma prima lutz
d'eslir
lieis, don cre·l cors los huoills,
non pretz
necs
mans dos aigonencs,
d'autra s'eslutz
rars
mos preiars;
pero deportz
m'es e d'auzir
volers,
bos motz ses grei
de liei don tant m'azaut
qu'al sieu servir
sui del pe tro c'al coma.

Amor
Sui b...
C'auz...
Tem...
tals d...
pecs
que t...
qu'ieu...
cars
e non...
ma·l...
mi fai
mains...
qu'ab
m'agr...
cor re...
que n...

Aura amara
branqueia os bosques, car-
come a cor
da espessa folhagem.
Os
bicos
dos passarinhos
ficam mudos,
pares
e ímpares.
E eu sofro a sorte:
dizer louvor
em verso
só por aquela
que me lançou do alto
abaixo, em dor
— má dama que me doma.

Foi tão clara
a luz do seu olhar
que no meu cor-
ação gravou a imagem.
Dos
ricos
rio, seus vinhos,
damas e ludos
parec-
em-me vulgares.
Só tenho um norte:
morrer de amor
imerso
no olhar da bela
que me tomou de assalto,
seu servidor
ser, dos pés até à coma.

Amor
Que c...
É inút...
turare...
só os
picos
dos te...
pontia...
dares,
flor ne...
A alm...
mas c...
po inv...
já se r...
e que...
colher
de bo...

Era·t para,
chans e condutz,
formir
al rei qui t'er escuoills;
car pretz,
secs
sai, lai es doblencs,
e mantengutz
dars
e manjars.
De joi la·t portz,
son anel mir
si·l ders,
c'anc non estei
jorn d'Arago que·l saut
no·i volgues ir,
mas sai m'a clamat Roma.

Faitz es l'acortz
qu'el cor remir
totz sers
lieis cui domnei,
ses parsonier, Arnaut;
qu'en autr'albir
n'es fort m'entent'a soma.

Vai, prepara
canções para doar,
trovador,
ao rei em homenagem.
Rús-
ticos
pães, duros linhos
serão veludos,
rarís-
simos manjares.
Parte com porte.
Embora em dor
subverso,
venera o anel[2]. A
Aragon, baldo,
vai teu ardor,
pois quem comanda é Roma[3].

Ei-la em seu forte.
Combatedor
converso,
em sua cela
sou prisioneiro, Arnaldo.
Esse sabor
de amar ninguém me toma.

2. *O anel* — trata-se do anel de Alfonso, rei de Aragon, e que deveria ser exibido ao poeta, por ocasião da homenagem.

3. *Roma* — Arnaut Daniel tomou o hábito monástico, trocando Aragon, onde teria deixado alguém que amava, pela religião de Roma.

Arnaut Daniel

DOUTZ BRAIS E CRITZ

Doutz brais e critz,
Lais e cantars e voutas
Aug dels auzels qu'en lur latins fant precs
Quecs ab sa par, atressi cum nos fam
A las amigas en cui entendem;
E don cas ieu qu'en la genssor entendi
Dei far chansson sobre totz de bell' obra
Que no·i ai a mot fals ni rima estrampa.

Non fui marritz
Ni non presi destoutas
Al prim qu' intriei el chastel dinz los decs,
Lai on estai midonz, don ai gran fam
C an'c non l'ac tal lo nebotz Sain Guillem;
Mil vetz lo jorn en badaill e·m n' estendi
Per la bella que totas autras sobra
Tant cant val mais fis gaugz qu' ira ni rampa.

Ben fui grazitz
E mas paraulas coutas,
Per so que jes al chausir no fui pecs,
Anz volgui mais prendre fin aur que ram,
Lo jorn quez ieu e midonz nos baizem
E·m fetz escut de son bel mantel endi
Que lausengier fals, lenga de colobra,
Non o visson, don tan mais motz escampa.

DOCES AIS, GRITOS

Doces ais, gritos,
Árias, cantares, juras
Ouço das aves que pelo ar afora
Voam aos pares, como qualquer homem
Enamorado faz à amiga que ama.
Mas eu, ante a mais bela a que me rendo,
Devo cantar de amor maior em obra
Sem fala falsa ou rima de costume.
Não houve atritos

Nem padeci torturas
Ao penetrar nas torres onde mora
A dama a quem desejo com mais fome
Do que nenhum mortal que o amor inflama,
Pois todo o dia gemo e me distendo
Pela dama melhor que as demais dobra
Como a beleza faz a ira ou ciúme.

Foram benditos
Meus votos pelas puras
Mãos dessa que proclamo por senhora,
Ouro diante do qual o bronze some.
Beijamo-nos e a dama, em doce trama,
O seu manto estendeu, me defendendo
Do vil bajulador, língua de cobra,
Que lança fel sob a fala de gume.

Dieus lo chauzitz,
Per cui foron assoutas
Las faillidas que fetz Longis lo cecs,
Voilla, si·l platz, qu'ieu e midonz jassam
En la chambra on amdui nos mandem
Uns rics convéns don tan gran joi atendi,
Que·l seu bel cors baisan rizen descobra
E que·l remir contra·l lum de la lampa.

Deus dos aflitos,
Que vistes com brandura
O cego Longus na mais dura hora,
Permiti que este amor que me consome
Se consume, afinal, em minha dama
E que eu, em sua câmara jazendo,
Seu belo corpo aos beijos rindo abra
E que o remire contra a luz do lume.

NOIGANDRES

Er vei vermeils, vertz, blaus, blancs, gruocs
*   Vergiers, plans, plais, tertres e vaus;*
Ei·l votz del auzels sona e tint
*   Ab doutz acort maitin e tart.*
So·m met en cor qu'ieu colore mon chan
D'un' aital flor don lo fruitz sia amors,
E jois lo grans, e l'olors de noigandres.

NOIGANDRES

Vejo vermelhos, verdes, blaus, brancos, cobaltos
    Vergéis, plainos, planaltos, montes, vales;
A voz dos passarinhos voa e soa
    Em doces notas, manhã, tarde, noite.
Então todo o meu ser quer que eu colora o canto
De uma flor cujo fruto é só de amor,
O grão só de alegria e o olor de noigandres[1].

    1. O grão só de alegria e o olor livre de tédio.

CANZO

Sols sui qui sai lo sobrafan que·m sortz
Al cor, d'amor sofren per sobramar,
Car mos voters es tant terms et entiers
Cane no s'esduis de celliei ni s'estors
Cui encubic ai prim vezer e puois;
Qu'ades ses lieis dic a lieis cochos motz,
Pois quan la vei non sai, – tant l'ai – que dire.

D'autras vezer sui secs e d'auzir sortz,
Qu'en sola lieis vei et aug et esgar;
E jes d'aisso noill sui fais plazentiers
Que mai la vol non ditz fa boca·l cors;
Qu'eu no vau tant chams, vauz ni plans ni puois
Qu'en un sol cors trob aissi bos aips totz;
Qu'en lieis los volc Dieus triar et assire.

Ben ai estat a maintas bonas cortz
Mas sai ab lieis trob pro mais que lauzar:
Mesura e sen et autres bos mestiers,
Beutat, joven, bos faitz e bels demors.
Gen l'enseignet Cortesia e la suois;
Tant a de si totz faitz desplazens rotz
De lieis no cre rens de ben sia a dire.

Nuils jauzimens no·m fora breus ni cortz
De lieis, cui prec qu'o vuoilla devinar,
Que ja per mi non o sabra estiers
Si·l cors, ses digz, no·s presenta de fors;
Que jes Rozers, per aiga que l'engrois,
Non a tal briu c'al cor plus larga dotz
No·m fassa estanc d'amor, quand la remire.

CANÇÃO

Somente eu sei sentir o sobrafã que sente
O coração de amor sofrente a sobramar,
Pois meu desejo é tão sincero e tão certeiro
Que nela se fixou e não se vai embora
Desde a primeira vez que a vi com esta vista.
De longe a sei chamar com frases sensuais,
Mas perto, é tanto o amor, que eu perco a voz e a vez.

Surdo e cego às demais, eu vivo aqui, somente
Para ouvir sua voz e olhar seu olhar.
Dela não falo bem para ser lisonjeiro,
Que à fala falta cor e o som se descolora
Sem conseguir louvar o que a paixão avista:
Montes, vales ou rios, nada me satisfaz,
Pois nela a perfeição de tudo se perfez.

Cortes já frequentei, conheci muita gente,
Mas nela há sempre mais valor para louvar:
Beleza juvenil em rosto sobranceiro,
Gentileza e altivez, tudo aí se aprimora.
A Cortesia, enfim, esgotou sua lista
E tanto a desproveu do que nos desapraz
Que é difícil dizer onde ela é mais cortês.

Eis a mulher melhor que não me sai da mente,
Mas rogo a ela que me saiba decifrar:
Por mim não saberá de quem sou prisioneiro,
A menos que me traia o amor que me devora,
Pois nem o Reno e nem toda a água que exista,
Nem a reunião de todos os caudais
Estancarão o ardor que em meu peito se fez.

Jois e solatz d'autra·m par fais e bortz,
C'una de pretz ab lieis no·is pot egar,
Que·l sieus solatz es dels autres sobriers.
Ai! si no l'ai, las! tant mal m'a comors!
Pero l'afan m'es deportz, ris e jois,
Car en pensan sui de lieis lec e glotz:
Ai Dieus, si ja'n serai estiers jauzire!

Anc mais, so·us pliu, no·m plac tant reps ni bortz,
Ni res al cor tant de joi no'm poc dar
Cum fetz aquel, don anc feinz lausengiers
No s'esbrugic, qu'a mi sol so·s tresors.
Dic trop? Eu non, sol lieis non sia enois.
Bella, per Dieu, lo parlar e la votz
Vuoil perdre enans que diga ren que·us tire.

Ma chansos prec que no·us sia enois,
Car si voletz grazir lo son el·s motz
Pauc preza Arnautz cui que plassa o que tire.

Quem noutras proclamar maior beleza mente
Porque nenhuma só se pode comparar
A essa cujo valor eu tenho por primeiro,
E se o amor arde ou rói onde a memória mora,
A dor já não me dói e o mal não me contrista,
Pois só de a recordar meu ser encontra paz.
Que seria de mim sem essa insensatez?

Nenhum jogo ou prazer meu corpo se consente,
Nenhum torneio, esporte ou arte posso amar
Se a ela não tenho, mas não há no mundo inteiro
Quem tenha esse tesouro que eu possuo agora.
Falei demais? Por Deus, não quero ser artista,
Quero perder a fala e a voz nem quero mais,
Bela, se o meu cantar vos ofendeu talvez.

Que esta canção de amor por vós seja benquista,
Pois se a palavra e o som não me desaprovais,
Pouco interessa a Arnaut se apraz a dois ou três.

CANZO

En cest sonet coind' e leri
Fau motz e capuig e doli,
E serant verai e cert
Quan n'aurai passat la lima;
Qu'Amors marves plan' e daura
Mon chantar, que de liei mou
Qui prez manten e governa.

Tot jorn meillur et esmeri,
Car la gensor serv' e coli
Del mon, so·us dic en apert.
Sieus sui del pe tro qu'en cima,
E si tot venta·ill freid' aura,
L'amors qu'inz el cor mi plou
Mi ten chaut on plus iverna.

Mil messas n'aug e'n proferi
E'n art lum de cera e d'oli
Que Dieus m'en don bon issert
De lieis on no·m val escrima;
E quan remir sa crin saura
E·l cors gai, grailet e nou
Mais l'am que qui·m des Luserna.

Tant l'am de cor e la queri
C'ab trop voler cug la·m toli,
S'om ren per ben amar pert.
Qu'el sieus cors sobretracima
Lo mieu tot e no s'eisaura;
Tant a de ver fait renou
Cobrador n'a e taverna.

CANÇÃO

Neste poema agora quero
Palavras polidas com plaina
E ele será veraz e certo
Quando eu tiver passado a lima;
Que o Amor me pole o verso e instaura
O meu cantar, que é amparado
Por quem me inspira e me governa.

Todo o dia me apuro e esmero
Para servir com fúria e faina
À dama que me tem desperto
Da ponta dos pés até em cima,
E quando sopra a fria aura
O amor chovendo em meu telhado
Me faz quente onde mais inverna.

Ouço mil missas e venero
Com vela e lume à Santa Mãe na
Esperança de ver se acerto
A minha mão nessa obra-prima:
Que ao remirar-lhe a trança laura,
O corpo belo e bem formado,
A amo mais do que a Luserna[1].

E tanto a amo e tanto a espero
Que se o tormento não amaina
Sou capaz.de a roubar, de incerto,
A mim mesmo, antes que a suprima
Outro amor de mim e me exaura;
Mas se me amar, pago dobrado:
Dou taverneiro e dou taverna.

1. *Luserna* – cidade da Espanha ou do Piemonte.

*No vuoill de Roma l'emperi
Ni c'om m'en fassa apostoli,
Qu'en lieis non aia revert
Per cui m'art lo cors e·m rima;
E si·l maltraich no·m restaura
Ab un baisar anz d'annou
Mi auci e si enferna.*

*Ges pel maltraich qu'ieu so feri
De ben amar no·m destoli,
Si tot me ten en desert,
C'aissi·n fatz los motz en rima.
Pieitz trac aman c'om que laura,
C'anc plus non amet un ou
Cel de Moncli n'Audierna.*

*Ieu sui Arnautz qu'amas l'aura
E chatz la lebre ab lo bou
E nadi contra suberna.*

Não quero Roma, não impero
Nem com anel nem com sotaina,
Pois isso não me põe mais perto
Da que tem toda a minha estima.
Ou ela em suma me restaura
Num longo beijo ao meu estado
Ou me mata enfim e se inferna.

De amar, porém, não desespero,
Que d sofrimento já se aplaina:
Embora eu viva num deserto,
É a paixão que me arruma a rima.
Tão grande amor não há quem haura
Nem jamais assim tem amado
O Senhor de Moncli a Audierna[1].

Eu sou Arnaut que am(ass)o (l)a(u)r(a),
Caço lebre com boi e nado
Contra a maré em luta eterna.

---

1. *O Senhor de Moncli a Audierna* – dois amantes.

SESTINA

    Lo ferm voler qu'el cor m'intra
No·m pot ges becs escoissendre ni ongla
De lauzengier, qui pert per mal dir s'arma;
E car non l'aus batr'ab ram ni ab verga,
Sivals a frau, lai on non aurai oncle,
Jauzirai joi, en vergier o dinz cambra.

    Quan mi soven de la cambra
On a mon dan sai que nulhs hom non intra,
Anz me son tuich plus que fraire ni oncle,
Non ai membre no·m fremisca, neis l'ongla,
Aissi com fai l'enfas denant la verga:
Tal paor ai no·l sia trop de l'arma.

    Del cors li fos, non de l'arma,
E cossentis m'a celat dinz sa cambra!
Que plus mi nafra·l cor que colps de verga,
Car lo sieus sers lai on ilh es non intra;
Totz temps serai ab lieis com carns et ongla,
E non creirai chastic d'amie ni d'oncle.

    Ane la seror de mon oncle
Non amei plus ni tant, per aquest'arma!
Qu'aitant vezis corn es lo detz de l'ongla,
S'a lieis plagues, volgr'esser de sa cambra;
De mi pot far l'amors qu'inz el cor m'intra
Mielhs a son vol qu'om fortz de frevol verga.

SEXTINA

O firme intento que em mim entra
Língua não pode estraçalhar, nem unha
De falador, que fala e perde a alma;
E se não sei lhe dar com ramo ou verga,
Lá onde ninguém pode conter meu sonho,
Irei fruí-lo em vergel ou em câmara.

Quando me lembro de sua câmara
Onde eu bem sei que nenhum homem entra,
Por mais que irmão ou tio danem meu sonho,
Eu tremo – membro a membro – até a unha,
Como faz um menino em frente à verga:
Tanto é o temor de que me falte a alma.

Antes meu corpo, e não minha alma,
Consentisse acolher em sua câmara!
Fere-me o corpo mais do que uma verga,
Que onde ela está nem o seu servo entra.
Com ela eu estaria em carne e unha,
Sem castigo de amigo ou tio, nem sonho.

À irmã de meu tio nem por sonho
Eu não amei assim com tanta alma!
Vizinho como o dedo de uma unha,
Se ela quiser, serei de sua câmara.
A mim o amor que no meu corpo entra
Faz como um homem forte a frágil verga.

Pois flori la seca verga[1].
Ni d'En Adam mogron nebot ni oncle,
Tant f m'a mors corn cela qu'el cor m'intra
Non cug fos anc en cors, ni eis en arma;
On qu'ilh estei, fors en plaz', o dins cambra,
Mos cors no·is part de lieis tant corn ten l'ongla.

Qu'aissi s'empren e s'enongla
Mos cors en lei com l'escors en la verga;
Qu'il h m'es de joi tors e palaitz e cambra,
E non am tant fraire, paren ni oncle:
Qu'en paradis n'aura doble joi m'arma,
Si ja nulhs hom per ben amar lai intra.

Arnautz tramet sa chanson d'ongl' e d'oncle
A grat de lieis que de sa verg'a l'arma.
Son Desirat[2] cui pretz en cambra intra.

1. *verga*: alusão trocadilhesca à Virgem Maria (com perífrase ao nascimento de Cristo: a flor que nasceu da seca verga).
2. *Desirat*: senhal (pseudônimo poético) designando a mulher amada ou um confidente.

Desde que há flor na seca verga
E Adão deu neto ou tio, não houve sonho
De amor tão grande como o que me entra
No coração, no corpo e até na alma.
Onde quer que ela esteja, em praça ou câmara,
A ela estou unido como à unha.

É assim que se entranha e se enunha
Nela este anelo como casca em verga;
O amor me faz palácio, torre e câmara,
E a irmão, pai, tio desdenho no meu sonho.
Ao paraíso em riso irá minha alma
Se lá por bem amar um homem entra.

Arnaut tramou seu canto de unha e sonho
Só por aquela que lhe verga a alma
De amante que, só mente, em câmara entra.

Bertran de Born

5. Bertran, Poeta de Briga

Se Marcabru parece trazer já no nome a marca da amargura e da obscuridade, o nome de Bertran de Born não parece menos sugestivo, na ressonância de suas aliterações – um nome de guerra, literalmente –, para identificar a figura desse poeta que, segundo Dante, formava com Arnaut Daniel e Giraut de Bornelh a grande tríade da poesia provençal. Porque Bertran é o cantor da guerra, o animador permanente dos combates, o "cultor da briga pela briga", só capaz de enternecer-se diante da morte de um bravo.

Conta-nos uma de suas biografias: "Bertran era senhor de um castelo chamado Altaforte, no bispado de Périgord. Estava sempre em guerra com todos os seus vizinhos e com o Conde de Périgord, enquanto este foi Conde de Poitiers. Foi bom cavaleiro, bom guerreiro, bom trovador, avisado e galante. E era hóspede, quando queria, do Rei da Inglaterra e de seu filho... Mas ele queria sempre que fizessem guerra entre eles ... E sempre queria que o Rei de França e o Rei da Inglaterra fizessem guerra entre eles ... Se havia a menor trégua, ele se debatia e se esforçava com seus serventeses para desfazer a paz ..." Atribui-se a ele o papel de semeador da discórdia entre Henrique II, Plantageneta, Rei da Inglaterra, e seu filho, Henrique, o "Rei Jovem", cujo partido tomara, e entre este e seu irmão Ricardo Coração de Leão. Além disso, Bertran vivia em rixa com seu próprio irmão Constantino, com o qual disputava a herança paterna e o domínio do Castelo de Altaforte. O mesmo Dante que o colocou entre os maiores poetas de Provença, fê-lo padecente de um dos últimos círculos do Inferno (Canto XXVIII, v. v. 118-1422), onde o trovador tem uma impressionante aparição, entre os Fomentadores de Discórdias, portando a cabeça decepada como uma lanterna (por haver dividido pai e filho, teve dividido o seu corpo):

Io vidi certo, ed ancor par ch'io il veggia,
un busto senza capo andar, si come
andavan gli altri della trista greggia,

e il capo tronco tenea per le chiome
pésol con mano a guisa di lanterna;
 e quel mirava noi e diceva: "Oh me!"

Di sé faceva a sé stesso lucerna,
ed eran due in uno e uno in due;
com'esser può, Quei sa che si governa.

Quando diritto al piè dei ponte fue,
levò il braccio alto con tutta la testa
per apressarne le parole sue,

che furo: "Or vedi la pena molesta,
tu che spirando vai veggendo i morti;
vedi se alcuna è grande come questa!

E perché tu di me novella porti,
sappi ch'io son Bertram dal Bornio, quelli
che al re giovine diedi i ma' conforti.

Io feci il padre e il figlio in sé ribelli;
Achitofèl non fe' più d'Absalone
e di David coi malvagi pungelli.

Perch'io partii così giunte persone,
partito porto il mio cerèbro, lasso!
dal suo principio ch'è in questo troncone.

Cosi s'osserva in me lo contrapasso.

E eis que a minha vista, de repente,
um corpo sem cabeça descortina
a caminhar por entre aquela gente;

a cabeça cortada, pela crina,
pendia-lhe da mão como lanterna;
e nos olhou e disse: "Triste sina".

Servia-se a si mesmo de lucerna,
e eram duas em um e um em duas:
pode o impossível O que nos governa.

Quando, de perto, pude ouvir as suas
queixas, ergueu o braço e mais a testa
para dizer estas palavras cruas:

"Vê minha pena, quanto me é molesta;
tu que respiras no país da morte,
vê se há alguma tão grande como esta!

E para que divulgues minha sorte,
eu sou Bertran de Born, o de Provença,
que apontou ao rei jovem um mau norte.

Levei o pai e o filho à desavença;
Aquitofel ao dividir Davi
de Absalão não lhes fez maior ofensa.

Porque os próprios parentes eu parti,
partidos porto o cérebro e a fala
do seu princípio, que é este tronco aqui.

Assim a pena em mim ao crime iguala.

À primeira vista pode repugnar o "culto da violência" do Senhor de Altaforte. Mas suas canções têm uma tão expansiva vibração, um tal ímpeto jovial, um tal humor "no seu escárnio da preguiça, da paz, da covardia e dos barões de Provença", que ele acaba nos conquistando, menos por suas razões do que pela sonoridade berrante de seus desafios belicosos, onde as cores da paisagem se mesclam às dos pendões, e os nitridos dos corcéis soam como a mais fina música. Bertran de Born, como diz Anglade, "põe na poesia lírica meridional, um pouco mole e um pouco efeminada, como que um ruído de trombetas e tambores: é uma espécie de *condottieri* poético, cavaleiro e trovador, tanto poeta como soldado".

Esse poeta de briga, que viveu aproximadamente entre 1140 e 1210, deixou-nos, além de vários serventeses guerreiros, um belíssimo *Planh*, ou lamento pela morte do Príncipe Henrique (o "Rei Jovem"), "Si tuit li dol elh pior elh marrimen" (Se toda a dor e o choro e a amargura), e diversas canções de amor, uma das quais considerada "única" por Pound, pela originalidade de sua concepção: a dedicada a uma *Dompna Soiseubuda*, Mulher Imaginária ou Ideal, "Mulher de Retalhos" – como a chama EP – ou Mulher-Montagem, como hoje a poderíamos denominar. Recusado pela Dama Maent de Montaignac, o poeta constrói nesta canção uma mulher ideal, emprestando um pedaço ou atributo de cada uma das mais belas damas de Provença: de Cembelins toma o seu olhar amoroso (o seu *esgart amoros)*; de Anhes, o seu cabelo dourado; de Aelis, a fala fácil; da Viscondessa de Chalais, o colo e as duas mãos; de *Bels Miralhs* (Belo Espelho), a sua alegria; de Audiart, "que bem lhe quer mal", as linhas do torso.

Além de traduzir o "Lamento", Pound dedicou a Bretran alguns poemas, em que ora parafraseia o trovador, ora assume-lhe a *persona*, como em "Near Périgord" e na "Sestina: Altaforte", admiravelmente traduzida para o português por Mário Faustino (Suplemento Literário de *Jornal do Brasil*, de 8-8-58) com esta contundente abertura: "Tudo pros diabos! Todo este Sul já fede a paz. / Anda, cachorro bastardo, Papiols! À música! / Só sei que vivo se ouço espadas que ressoam!". Pound escandalizava o burguês, em Londres, em 1909, bradando a "Sestina: Altaforte" nos restaurantes de Soho, assim como Maiakóvski, seis anos mais tarde, faria com o seu "Vam!" (A Vocês!), recriminando os diletantes nos cabarés artísticos de Moscou: "Vocês que vão de orgia em orgia, vocês / que têm mornos bidês e W.C.s..." (Por mais que isso escandalize os esquerdofrênicos, são muitas as semelhanças de temperamento e de concepção poética entre Pound e Maiakóvski.)

Na *persona* de Bertran de Born criou ainda Ezra Pound um insólito poema de amor, expandindo um tópico da canção dedicada à "Mulher de Retalhos": o trovador cantando em louvor a Na Audiart (Dona Audiart) apesar de saber que ela lhe quer mal. Ao traduzi-lo ocorreu-me um equívoco fônico que me pareceu reforçar ainda mais o tom de irônica, mas intensa e amarga paixão do poema. Para tanto, é preciso ler de maneira especial o nome-estribilho "Audiart", dando pronúncia francesa à primeira sílaba ("Au") e acentuando abrasileiradamente a última ("art"): Audiart / Odiar-te. Assumo, assim, por minha vez, a *persona* do poeta, máscara da máscara:

EZRA POUND

NA AUDIART

Que bem-m vols mal

Ainda que bem me queiras mal,
                Audiart, Audiart[1],
Onde os laços do corpete apertam
Como dedos de hera presos entre as
Fendas,
                Audiart, Audiart,
Alta, altiva e tão suave
Quem se atreve a
                Audiart, Audiart,
Descrever teu belo talhe?
Um beijo atalhe.
                Passo
À Senhora 'Miels-de-Ben',
Tendo louvado a finura
Da cintura
E como no espartilho cada dobra

---

1. Quem quer que tenha lido alguma coisa sobre os trovadores conhece a história de Bertran de Born e da Senhora Maent de Montaignac, e conhece também a canção que ele fez quando ela não quis saber mais dele, a canção em que ele, procurando encontrar ou construir alguém igual a ela, empresta de cada uma das mais eminentes damas da Langue d'Oc algum traço ou algum belo aspecto: assim, de Cembelins o seu "esgart amoros", isto é, o seu olhar amoroso, de Aelis, a fala fluente, da Viscondessa de Chalais, a garganta e as mãos, de Roacoart de Annes, o seu cabelo dourado como o de Iseult; e mesmo da Senhora Audiart (Na Audiart), "embora ela quisesse mal a ele", tomou e louvou as linhas do torso. E tudo isso para fazer "Una dompna soiseubuda", uma mulher emprestada, ou como os italianos o traduzem, "Una donna ideale".

Arqueia e se desdobra
Sem esperança de que cedas...
                    Não, nenhum pedaço.
Um
Espaço
Ao breve torvelinho
Que lançam sobre a escada as tuas sedas
Onde só adivinho
Teu torso, esse tesouro
Lá onde membro e membro têm seu ninho:
Apesar do teu desdouro
Hás de lê-lo em rosa e ouro[2].

Ou quando o ménestrel,
Conto semicontado,
Cantando houver louvado
                    'Audiart, Audiart'...
Bertrans, mestre da arte,
Bertrans de Altaforte irá louvar-te
E ainda que bem me queiras mal
Ainda que me desejes mil
Males afinal,

---

2. Isto é, em manuscrito iluminado.

                        Audiart, Audiart,
Levarás meu sinal,
                        Audiart,
Até que reencarnes,
E então, em prega e ruga, tuas carnes
Já sem o belo molde, quando o quente
Orvalho juvenil em tua palma
Tornar-se frio, e tua velha alma,
Dessa nova moldura descontente,
Achar amargo o fel
Da terra que é só mel
Quando és jovem e bela,
E então, somente em sonho
Sendo jovem mas velha,
Já sem o orgulho antigo,
Serás mais indulgente
Com o teu inimigo,
Sabendo, sem que eu saiba como
                        Audiart, Audiart,
Que um dia foste aquela
Cuja beleza me fez perdoar-te
                        Audiart,
Audiart
          Que be-m vols mal.

O serventes ou sirventes (composição satírica) que vem a seguir é uma das mais expressivas realizações de Bertran de Born. As rimas, na tradução, procuram acompanhar a sonoridade e a sequência originais: *-alh, -alh, -art, -alha, -art, -alha*. A "barulhidade" dos versos de Bertran fala por si própria. Algumas explicações se fazem, porém, necessárias para a compreensão das alusões ou referências históricas que permeiam o poema. Valho-me, para tanto, das notas de A. Bérry: Bertran de Born, furioso com a aliança entre Ricardo Coração de Leão (Conde de Poitiers) e Constantino – irmão do trovador – tenta reunir contra eles diversos senhores dá vizinhança. A 1ª estrofe alude a esse fato. 2ª estrofe: "Ademar e Ricardo": Ademar V, Visconde de Limoges, e Ricardo Coração de Leão. 3ª estrofe: "anéis de São Leonardo": segundo Chabaneau, "uma cadeia ou corrente de má qualidade, fabricada em S. Leonardo"; para M. A. Thomas, "uma cadeia quebrada por São Leonardo, patrono dos prisioneiros". O sentido geral é o mesmo. 6ª estrofe: "Talleyrand", um conde de Périgord. "Lombardo": assim se denominavam os ricaços e os usurários. 7ª estrofe: "Baiardo": nome do cavalo de Bertran. 8ª estrofe: alusão à conhecida fábula de Esopo sobre a gralha que se enfeitou com penas de pavão.

    Ouçamos, por fim, o trovar-trovoar da trompa guerreira do Senhor de Altaforte! Bertran de Born, cabeça por lanterna, braceja e esbraveja em busca de barões para a batalha!

BERTRAN DE BORN (c. 1140-1210)

SIRVENTES

Un sirventes cui motz no falh
Ai fait, qu'a ne no·m costet un alh,
Et ai après un' aital art
Que, s'ai fraire, germa ni quart,
    Part li fou e la mealha,
E s'el pois vol la mia part,
    Eu l'en giet de comunalha.

Tot lo sen ai dintz lo seralh,
Sitôt m'an donat gran trebalh
Entre n' Ademar e'n Richart:
Lonctemps m'an tengut en regart,
    Mas aras an tal trebalha
Que lor en fan, si·l reis no·ls part,
    N'auran pro en la coralha.

Guilhems de Gordo, fort batalh
Avetz mes a votre sonalh,
E eu am vos, si Deus me gart!
Pero per fol e per musart
    Vos tenen de la fermalha
Li dui vescomte, e es lor tart
    Que siatz en lor frairalha.

Tot jorn contendi e·m baralh,
M'escrim e·m defen e·m tartalh,
E·m fon om ma terra e la m'art
E·m fa de mos arbres eissart
    E mescla·l gra en la palha,
E non ai ardit ni coart
    Ena mie qu'ar no m'assalha.

BERTRAN DE BORN (c. 1140-1210)

SERVENTES

Um serventes que em nada falha
E que não me custa uma palha
Compus para dizer com arte
Que irmão ou primo me comparte
    Do ovo à última migalha,
Mas se depois quer minha parte,
    Não quero mais a comunalha.

Do meu lugar não me tresmalho.
Por maior que seja o trabalho
Que dão Ademar e Ricardo,
Ergo bem alto o estandarte.
    A rixa agora os atrapalha:
Se não houver rei que os aparte,
    Amigo a amigo se estraçalha.

Guilherme de Gourdon, bimbalha
Grande sino em vossa muralha,
E eu vos estimo, Deus nos guarde!
Mas que sois frouxo e sois covarde,
    De vós assim já se assoalha
Aos viscondes, se não entrardes
    Junto com eles na batalha.

O dia todo me esfrangalho
E esgrimo e resisto e retalho.
Movem-me guerra com alarde,
Já minha terra toda arde,
    Não há valente nem paspalho
Que contra mim, ou cedo ou tarde,
    Não arremeta seu chanfalho.

*Totjorn ressolli e retalh
Los baros e·ls refon e·ls calh,
Que cujava metre en eissart;
E sui be fols quar m'en regart,
    Qu'il son de pejor obralha
Que non es lo fers saint Leunart,
    Per qu'es fols qui s'en trebalha.*

*Talairans no trota ni salh,
Ni no·s mou de son arenalh
Ni no geta lanza ni dart,
Anz viu a guisa de lombart.
    Tant es farsitz de nualha
Que, quan l'autra gens si compart,
    El s'estendilha e badalha.*

*A Peiregors, pres del muralh,
Tan que·i posca om getar ab malh,
Venrai armatz sobre Baiart,
E se·i trob Peitavi pifart,
    Veiran de mon bran com talha,
Que sus el cap li farai bart
    De cervel mesclat ab malha.*

*Baro, Deus vos salv e vos gart
    E vos ajut e vos valha
E us do que digatz a'n Richart
    So que·l paus dis a la gralha.*

Debalde, como um espantalho,
Busco barões por todo atalho,
Na vanguarda ou na retaguarda,
Para fundir numa alabarda
   De bom metal contra a canalha.
Que até os anéis de São Leonardo
   São mais rijos do que essa tralha.

Talleyrand não trota nem malha.
Como os demais da sua igualha
Não sabe armar lança nem dardo.
Engorda só, como um lombardo;
   De guardanapo e de toalha
Vai engrossando a pão e lardo:
   A boa vida o amortalha.

A Périgord, junto à muralha,
Onde o tumulto mais farfalha,
Virei armado em meu Baiardo,
E se topar algum testardo,
   Verá meu gládio como talha:
Que irei servir ao molho pardo
   Miolos mexidos com malha.

Barões, Deus vos tenha em resguardo
   E vos anime e vos valha,
Para dizerdes a Ricardo
   O que o pavão disse à gralha.

6. *Bernart, a Ave Leve*

Sem possuir o "artesanato furioso" de um Arnaut Daniel, a torturada densidade de um Marcabru ou o vigor esfuziante de um Bertran de Born, o trovador Bernart de Ventadorn (1148-1195?) é o maior dos poetas do *trobar suau, leu* ou *leger*, a poesia suave, leve ou ligeira. Não é, rigorosamente falando, um inventor como Arnaut. É um mestre. Um mestre de sonoridades leves. O som de sua poesia não é mallarmeanamente armado como o de Arnaut, grotesco e bizarro como de Marcabru ou estrepitoso e brilhante como o de Bertran. É límpido e cursivo como água corrente. Talvez por isso Bernart não tenha sido tão injustiçado pelos pósteros como os seus colegas menos suavemente poetas. Ninguém o acusará de obscuridade ou obscenidade. Concede-se-lhe, pacificamente, um lugar dos melhores entre os maiores nomes da literatura meridional.

Poeta lírico por excelência, Bernart é um típico representante dos trovadores do "amor cortês". Mas que trovador! As aberturas de suas canções são quase sempre peças antológicas, de uma musicalidade perfeita. "Ele ama como se ninguém tivesse amado antes dele", diz André Berry. Bernart se entrega ao amor de *cor* e *cors* (coração e corpo) e coloca todo o seu *saber* e *sen* (saber e inteligência), toda a sua *fors* e *poder* (força e poder) a serviço da explicitação desse sentimento: "Não é maravilha se eu canto / Melhor que qualquer cantador. / Meu coração só sabe Amor, / Ninguém sabe senti-lo tanto".

Sua vida foi cheia de lances amorosos. Dentre eles, os casos com a Viscondessa de Ventadorn, esposa do seu senhor, e com Eleonora de Aquitânia, então Duquesa da Normandia, e depois Rainha da Inglaterra a *domna jauzionda* (dama jovial) de suas canções. A *razo* (biografia) provençal do poeta, de Hugo de S. Circ, consigna a celebridade do seu trovar e das suas canções: "Bernart de Ventadorn era de Limousin, do Castelo de Ventadorn, e era de pobre linhagem, filho de um servente do castelo que tinha o ofício de padeiro é acendia o forno para cozer o pão; e ele era belo e destro e soube cantar e trovar bem e era cortês e educado; e o Visconde, seu senhor, de Ventadorn se tomou de afeição por ele e por seu trovar e o cobriu de honras; e o Visconde tinha uma mulher, mui gentil dama e alegre, e ela se tomou de afeição pelas canções de Bernart e se enamorou dele e ele dela, tanto que fez canções e versos sobre ela e sobre o amor que sentia; longo tempo duraram os seus amores antes que o Visconde se apercebesse; e quando o Visconde se apercebeu, afastou-se dele e fez encerrar e guardar muito bem a mulher, e a mulher se, despediu de Bernart, que partiu para bem longe daquele lugar; e ele partiu e foi para a terra da Duquesa de Normandia, que era jovem e de grande valor e digna de méritos e louvores; e as canções de Bernart agradaram-lhe muito e ela o recebeu e acolheu muito bem; longo tempo ele esteve em sua corte e se enamorou dela e ela dele e sobre isso fez muito boas canções; e estando com ela, o Rei da Inglaterra a tomou por mulher e a levou para a Inglaterra; e Bernart ficou, triste e cheio de dor; e se foi ao bom Conde Raimundo de Tolosa, e com ele ficou até que o conde morreu; e Bernart, por aquela dor, entrou para a Ordem de Dalon e lá definhou; e o Conde Ebles de Ventadorn, filho da viscondessa que Bernart amou, contou-me a mim, Hugo de S. Circ, isso tudo que fiz escrever sobre Bernart".

Das canções traduzidas, ambas versando sobre o mesmo tema do amor sem esperança, "Quant vey la lauzeta mover" (literalmente: Quando vejo a cotovia mover), é talvez a mais célebre de Bernart. A melopeia da primeira estrofe, com suas ondas de consoantes laterais ("l", "lh"), no suave balanceio de vogais abertas e fechadas, e suas subondas de consoantes fricativas, em "v", dá através da imagem do voo da ave um equivalente da languidez e da melancolia que assaltam o poeta. É uma das mais belas passagens da poesia de todos os tempos. Marcantes são também as primeiras linhas da canção seguinte, a partir da sequência aliterativa inicial: "Lo tems vai e ven e vire" (O tempo vai e vem e vira). Nos dois casos, o tradutor se sentirá satisfeito se tiver conseguido obter uma porcentagem razoável da musicalidade do original e puder incitar o leitor a procurar o texto provençal, insubstituível, da canção – canção mesmo, de cantar[2].

---

2. Montam a cerca de duas centenas e meia as melodias trovadorescas que se conservaram. Delas, 19 pertencem a Bernart de Ventadorn. "Quant vey la lauzeta", assim como "Chanson do'ill mot son plan e prim", de Arnaut Daniel (uma das duas canções de Arnaut que Pound descobriu na Biblioteca Ambrosiana em Milão), podem ser ouvidas no disco *Troubadour and Trouvère songs* (Expériences Anonymes – EA-0012). É certo, porém, que a bela mas precária notação musical da época ("notas quadradas") indicava com precisão apenas as alturas dos sons, possibilitando só uma reconstituição aproximativa.

BERNART DE VENTADORN (c. 1150-1195)

CANZO

Quant vey la lauzeta mover
De joi sas alas contral ray,
Que s'oblida es layssa cazer
Per la doussor qu'ai cor li vai,
Ai! tan grans enveia m'en ve
De cui qu'eu veya jauzion!
Meravilhas ai, quar desse
Lo cor de dezirier no·m fon.

Ailas! tan cujava saber
D'amor, e tan petit en sai!
Quar eu d'amar no·m puesc tener
Celieys don ja pro non aurai;
Tout m'a mon cor e tout m'a se
E me mezeis e tot lo mon,
E quan si·m tolc, no·m laisset re
Mas dezirier e cor volon.

Anc non agui de me poder
Ni no fui mieus de l'or' en sai
Que·m laisset en sos huelhs vezer
En un miralh que mot mi plai;
Mirais, pus me mirei en te,
M'an mort li sospir de preon,
Qu'aissi·m perdei cum perdet se
Lo bels Narcisus en la fon.

BERNART DE VENTADORN (c. 1150-1195)

CANÇÃO

Ao ver a ave leve mover
Alegre as alas contra a luz,
Que se olvida e deixa colher
Pela doçura que a conduz,
Ah! tão grande inveja me vem
Desses que venturosos vejo!
É maravilha que o meu ser
Não se dissolva de desejo.

Ah! tanto julgava saber
De amor e menos que supus
Sei, pois amar não me faz ter
Essa a que nunca farei jus.
A mim de mim e a si também
De mim e tudo o que desejo
Tomou e só deixou querer
Maior e um coração sobejo.

Eu renunciei a me reger
Desde o dia em que os olhos pus
No olhar que vi transparecer
No belo espelho em que reluz.
Espelho, pois que te vi bem,
Morri na luz do teu reflexo
Como, perdido de se ver,
Narciso no seu próprio amplexo.

De las donas mi dezesper;
Ja mais en lor no·m fiarai,
Qu'aissi cum las suelh captener,
Enaissi las descaptendrai.
Pus vei qu'una pro no m'en te
Ves lieys que·m destrui e·m cofon,
Totas las dopt e las mescre,
Quar be sai qu'atretals se son.

D'aiso·s fa be femna parer
Ma dona, per qu'ieu lo retrai,
Quar non vol so qu'om deu voler
E so qu'om li deveda fai.
Cazutz sut en mala merce,
Et ai ben fait co·l fols en pon,
E no sai per que m'esdeve,
Mas quar trop pogei contra mon.

Merces es perduda per ver,
Et leu non o saubi anc mai,
Quar cil qui plus en degr' aver
No·m a ges, et on la querrai?
A! quan mal sembla, qui la ve,
Que aquest caitiu deziron.
Que ja ses lei non aura be,
Laisse morir, que no l'aon!

Nas mulheres não sei mais crer,
Nenhuma agora me seduz.
Se ela não quer me conhecer,
As desconheço em minha cruz.
Nenhuma delas me convém
E o que elas fazem não tem nexo,
De nenhuma quero saber,
Desprezo a todas do seu sexo.

Bem feminino é o proceder
Dessa que me roubou a paz.
Não quer o que deve querer
E tudo o que não deve faz.
Má sorte enfim me sobrevém,
Fiz como um louco numa ponte,
E tudo me foi suceder
Só porque quis mais horizonte.

Piedade já não pode haver
No universo para os mortais.
Se aquela que a devia ter
Não tem, quem a terá jamais?
Ah! como acreditar que alguém
De olhar tão doce e clara fronte
Deixe que eu morra sem beber
Água de amor em sua fonte?

Pus ab midons no·m pot valer
Precs ni merces ni·l dregz qu'ieu ai,
Ni a leys no ven a plazer
Qu'ieu l'am, ja mais no·l o dirai;
Aissi·m part de lieys e·m recre;
Mort m'a e per mort li respon,
E vau m'en, pus ilh no·m rete,
Caitius, en yssilh, no sai on.

Tristans, ges non auretz de me,
Qu'ieu m'en vau caitius, no sai on;
De chantar mi gic e·m recre,
E de joi e d'a mor m'escon.

Já que ela não me quer valer
E não se move com meus ais,
E nem sequer lhe dá prazer
Que a ame, não lhe direi mais.
Parto e abandono todo o bem,
Matou-me e, morto, lhe respondo.
Me vou, pois ela não me quer,
A amargo exílio, não sei onde.

Tristão, não devo mais dizer,
Só sei que vou, não sei aonde.
Calo o meu verso e o meu viver,
Da alegria e do amor me escondo.

CANZO

Lo tems vai e ven e vire
Per jorns, per mes e per ans,
Et eu, las! no·n sai que dire,
C'ades es us mos talans.
Ades es us e no·s muda,
C'una·n volh e·n ai volguda,
Don anc non aic jauzimen.

Pois ela no·n pert lo rire,
A me·n ven e dols e dans,
C'a tal joc m'a faih assire
Don ai lo peyor dos tans:
(C'aitals amors es perduda,
Qu'es d'una part mantenguda),
Tro que fai acordamen.

Be deuri' esser blasmaire
De me mezeis a razo,
C'anc no nasquet cel de maire
Que tan servis en perdo;
E s'ela no m'en chastia,
Ades doblara·lh folia.
Que: "fols no tem, tro que pren."

CANÇÃO

O tempo vai e vem e vira
Por dias, por meses, por anos,
Mas o desejo que me tira
A vida e dá só desenganos
É sempre o mesmo, eu nunca mudo:
Só quero a ela, mais que tudo,
A ela que só me dá tormento.

Ela ainda ri como antes rira,
A mim vêm as dores e os danos,
Pois nesse jogo a que me atira
Só ganho enganos sobre enganos
(O Amor é um jogo perdido
Quando ele é só por um mantido)
Se não houver entendimento.

A ninguém mais posso culpar
Senão a mim e a minha mente—
Só servir e nada ganhar
É coisa própria de um demente,
E se ela a mim não me castiga
A loucura faz que eu prossiga:
Loucos não têm discernimento.

*Ja mais no serai chantaire
Ni de l'escola n'Eblo,
Que mos chantar no·m val gaire
Ni mas voutas ni mei so;
Ni res qu'eu fassa ni dia,
No conosc que pros me sia,
Ni no·i vei melhuramen.

Si tot fatz de joi parvensa,
Mout ai dins lo cor irat.
Qui vid anc mais penedensa
Faire denan lo pechat?
On plus la prec, plus m'es dura;
Mas si 'n breu tems no·s melhura,
Vengut er al partimen.

Per o ben es qu'ela·m vensa
A tota sa volontat,
Que, s'el' a tort o bistensa,
Ades n'aura pietat;
Que so mostra l'escriptura:
Causa de bon' aventura
Val us sols jorns mais de cen.

Ja no·m partrai a ma vida
Tan com sia saus ni sas,
Que pois l'arma n'es issida,
Balaya lonc tems lo gras;
E si tot no s'es cochada,
Ja per me no·n er blasmada,
Sol d'eus adenan s'emen.*

Eu nunca mais quero cantar
Com Eble ou qualquer outra gente,
Canções não podem me ajudar
Nem meu trovar, por mais dolente.
Tudo o que eu faça ou o que eu diga
É nada para que eu consiga
Dela qualquer abrandamento.

A alegria é só aparência,
Por dentro estou estraçalhado.
Onde se viu dar penitência
A alguém, antes de ter pecado?
Mais eu peço, mais ela é dura:
Ah, se ela não tiver brandura
Eu vou morrer, já não aguento.

Mas à cruel subserviência
Me submeto de bom grado,
Pois creio, na minha demência,
Que ainda serei recompensado;
É o que nos mostra a escritura:
Um dia apenas de ventura
Vale mais do que todo um cento.

Não a abandono – é a minha vida –
Enquanto esteja salvo e são.
Mesmo depois de revestida
A espiga ao vento ainda é canção.
Por mais que seja desalmada
Jamais direi que ela é culpada,
Só lhe peço um pouco de alento.

Ai, bon' amors encobida,
Cors be faihz, delgatz e plas,
Frescha chara colorida,
Cui Deus formet ab sas mas!
Totz tems vos ai dezirada,
Que res autra no m'agrada.
Aut' amor no volh nien!

Dousa res ben ensenhada,
Cel que·us a tan gen formada,
Me·n do cel joi qu'eu n'aten!

Ah, doce dama tão querida,
Corpo bem-feito, fino pão,
Ah, cara face colorida,
Que Deus formou de sua mão,
Todo esse tempo desejada,
Nenhuma outra mais me agrada,
De outro amor não me alimento.

Formosa dama bem-dotada,
Quem vos formou tão bem-formada
Há de aplacar meu sofrimento.

7. Cardenal, o Protesto

Descendente da linguagem realista de Guilherme IX e da linhagem satírica de Marcabru, Peire Cardenal, que viveu entre o fim do século XII e a segunda metade do século XIII (um dos últimos trovadores provençais, portanto), deu ao gênero uma nova e definida dimensão de protesto social. Cardenal protesta contra os ricos, contra o clero e contra as mulheres, com uma energia e uma perícia dificilmente igualáveis na poesia ocitânica.

O leitor desprevenido, à cata das sutilezas do amor cortês, e já surpreso ante a crueza do vocabulário de um Guilhem de Peitieu, poderá se surpreender ainda mais ao esbarrar na crítica acerba destes versos desabridos de Cardenal, incansável fustigador dos poderosos: *"Li ric home an pietat tan gran ! De l'autra gen, quon ac Cayms d'Abel, / Que mais volon tolre que lop no fan / E mais mentir que tozas de bordelh"* (Os ricos têm tão grande piedade / Dos seus irmãos, quanto Caim de Abel; / Ganham dos lobos em rapacidade / E mentem mais que moças de bordel).

Os serventeses de Bertran de Born e de Sordello eram na sua maior parte dirigidos contra pessoas, ao passo que os de Cardenal dirigiam-se antes contra as condições sociais, observa Pound, para quem, na medida em que Dante é um crítico de costumes, Cardenal deve ser considerado um seu precursor. Como assinala ainda o poeta-crítico norte-americano, Peire Cardenal é extremamente lúcido quanto à imbecilidade dos beligerantes e dos fazedores de guerra. Ao contrário do delírio guerreiro um tanto ingênuo do Senhor de Altaforte, Cardenal condena a guerra e protesta contra as loucuras que se cometem em nome dela, levando a sua percepção ao ponto de observar que "os barões fazem a guerra para o seu próprio proveito" (*"fai mal senher vas los sieu"*).

Dentre as suas mais célebres verrinas contra o mau clero situam-se a canção *"Li clerc si fan pastor"* (Os padres fazem-se de pastores) e o *Estribote,* feito de "palavras novas em louvor da divindade", que se inicia com um credo ou profissão de fé, entra imprevistamente por uma confissão de descrença nos frades, "ávidos por dinheiro, avaros de bondade", e termina com uma peroração de piedade impiedosa, de grande impacto: "Meu estribote finda, todo compassado, / segundo a boa arte e as leis da divindade; / Se eu falei mal, que seja perdoado, / Só desejo é que Deus seja mais bem-amado, / E, pelo amor de Deus, esfolados os frades". (*"E per mal estribatz clergues"*). Um *estribot* para ver *estribatz* (esfolados, embora estripados ou estirpados dessem mais o trocadilho) os que, no entender do poeta, religioso convicto, falseavam a religião. Joseph Anglade, em sua *Anthologie des Troubadours,* ao reproduzir esse poema, sob o título *A sátira de um crente,* chegou a alterar uma palavra do texto e a suprimir, da tradução, três linhas, com este aviso aos passantes: "Aqui três versos muito realistas". Como outro douto provençalista, Alfred Jeanroy, editor-censor meticuloso das *Canções* de Guilherme- IX, Anglade se comporta com uma timidez que teria seus laivos de comicidade se não fosse antes lamentável, por se tratar de estudiosos que muito fizeram pela divulgação e pelo estudo da poesia provençal. Felizmente André Berry, nome talvez menos ilustre, mas não menos respeitável, tem a decência de respeitar os textos originais e apresentá-los, com as respectivas traduções, livres de vetos parciais.

O autor do *Estribote* é o mesmo que escreve a bela canção aliterativa à Virgem ("Vera *vergena Maria, / Vera vida, vera fes, / Vera vertutz, vera via,"* etc = Vera virgem Maria, / Vera vida, vera fé, / Vera virtude, vera via, etc). E que leva a aliteração ainda mais longe num outro poema, uma canção de amor, que caminha normalmente até a última estrofe, onde prorrompem de modo surpreendente as cadeias aliterativas. André Berry transcreve em sua antologia esta composição, exceto a estrofe derradeira, que remete às notas do livro com a seguinte observação: "A canção acaba com uma estranha pirueta. O autor se põe bruscamente a multiplicar as aliterações, com grande prejuízo do sentido. Seria pueril traduzir esses últimos versos sem reproduzir o mesmo *tour de force*; e na nossa impotência, preferimos nos calar". Vá lá, que não traduza. Mas com que direito mutilar o original? A despeito da dificuldade de interpretação do texto, corro o risco de traduzi-lo, baseando-me para tanto na exegese de Anglade. Procuro reproduzir ao máximo os efeitos aliterativos, para que, satisfeita a exigência de Berry, eu possa devolver esses versos (lançados aos porões-apêndices dos livros, quando não simplesmente suprimidos) às primeiras páginas a que fazem jus como uma das mais extraordinárias passagens sonoristas da poesia provençal. Ezra Pound notou que muitos deixam de perceber a finura com que o som dos poemas de Cardenal é associado ao seu sentido: "há um látego e uma mordedura em seu timbre e em seu movimento".

A estrofe sonorista da canção de Peire Cardenal – da mesma forma que os versos sonoristas de Maiakóvski, como aqueles do poema "Balalaica" que traduzi, para irritação dos burocríticos antiformalistas – só faz confirmar a tese de que a técnica, o apuro e até o virtuosismo formal não se contrapõem à poesia de participação, a não ser para, dialeticamente, criarem as condições textuais indispensáveis para o seu desate. "Sem forma revolucionária não pode haver verdadeira poesia revolucionária." Provença o soube.

PEIRE CARDENAL (c. 1216-1271)

SIRVENTES

Tos temps azir falsetat et enjan
Et ab vertat et ab dreg mi capdelh,
E si per so vauc atras o enan,
No m'en rancur, ans m'es tot bon e belh;
Que·ls us dechai lialtatz manhtas ves
E·ls autres sors enjans e mala fes;
Mas si tant es qu'om per falsetat mon,
D'aquel montar dissen pueys en preon.

Li ric home an pietat tan gran
De l'autra gen, quon ac Cayms d'Abel,
Que mais volon tolre que lop no fan
E mais mentir que tozas de bordelh;
Si·ls crebavatz en dos locx o en très,
No·us cugessetz que vertatz n'issis ges,
Mas messongas, don an al cor tal fon
Que sobrevertz cum aigua de toron.

Manhs baros vey en manhs luecx que y estan
Plus falsamens que veyres en anelh,
E qui per fis los ten, falh atretan
Cum si un lop vendia per anhei;
Quar ilh no son ni de ley ni de pes,
Ans foron fag a ley de fals poges,
On par la cros e la flors en redon,
E no y trob' om argent, quan lo refon.

PEIRE CARDENAL (c. 1216-1271)

SERVENTÊS

Tenho horror à impostura e à falsidade,
Mas da verdade sou servo fiel,
Quer minha voz agrade ou desagrade
Não calo, minha luta é sem quartel.
A lealdade às vezes trás revés
E a má fé boa sorte muita vez,
Mas o vilão que salta à nossa frente
Do alto irá cair rapidamente.

Os ricos têm tão grande piedade
Dos seus irmãos, quanto Caim de Abel.
Ganham dos lobos em rapacidade
E mentem mais que moças de bordel.
Se os furardes em dois pontos ou três
Nenhuma só verdade colhereis,
Só mentira, que neles é corrente
E sobreverte como uma torrente.

Vejo barões de tanta validade
Quanto os vidros que enfeitam um anel,
Quem confia na sua probidade
Dá lobo por ovelha, fel por mel.
Pois eles não têm peso nem nobreza,
Lembram rosários de rara beleza,
Com flor e cruz e lúcida corrente
De prata falsa que a fusão desmente.

Des orient entro·l solelh colguan
Fas a la gent un covinent novelh:
Al lial home donarai un bezan,
Si·l deslials mi dona un clavelh.
Et un marc d'aur donarai al cortes,
Si·l deschauzitz mi dona un tomes.
Al vertadier darai d'aur un gran mon,
S'avi' eu un huou dels messongiers qui son.

Tota la ley que·l mais de la gens an,
Escrivri' eu en fort petit de pelh:
En la mitat del polguar de mon guan;
E·ls prozomes payssera d'an gastelh;
Quarja pels pros no fora cars conres,
Mas si fos hom que los maivatz pagues,
Cridar pogratz e non gardessetz on:
Venetz manjar, li pro home del mon!

Sel qui no val ni ten pro per semblan,
Pro ni valen no·s tanh que hom l'apel.
Ni dreiturier, quan met dreg en soan,
Ni vertadier, quan vertat nos espel;
Car qui fai mal ni tort, razos non es
Qu'en cueilla grat ni gran lauzor ni près,
Anz es ben digz us reprochiers pel mon:
Sel qu'una ves escoria, autra non ton.

A totas gens dic e mon sirventes,
Que, si vertatz e dreitura e merces
Non governon home en aquest mon,
Ni sai ni lay no cre valors l'aon.

De leste a oeste, a toda a humanidade
Proponho um trato novo, sem igual:
Aos leais darei ouro em quantidade
Se os desleais me derem um real.
Um marco de ouro darei ao cortês
Se cada descortês me der um réis.
Um monte de ouro a todo o que é decente
Por um ovo de cada um que mente.

Os homens que ainda têm honestidade
Cabem numa só tira de papel
Que eu poderia guardar na metade
Do polegar da luva. Um só farnel
Daria para a fome dos leais;
Mas se eu fosse prover para os venais,
Nem que tivesse todo um continente
Para dar de comer a tanta gente!

A esse que só na face tem bondade
Não tolero que chamem de leal,
Nem verdadeiro ao que ri da verdade,
Nem justo ao que só sabe fazer mal.
Pois quem fez mal não deve ter lauréis,
Nem honradas e nem rapapés.
Assim diz o ditado sabiamente:
Quem uma vez mentiu, outra não tente.

A todos clamo neste serventes:
Quem a verdade, o amor e a honradez
Não respeitar, que nunca se apresente
Diante de mim com veste de inocente.

ESTRIBOT

Un estribot farai que er mot maistratz,
De motz novels e d'art e de divinitatz,
Qu'ieu ai en Dieu crezensa, que fon de maire natz,
D'une santa pieusela, per que·l mons es salvatz;
Et es paire e filhs e santa trinitatz.
Et es en tres personas et una unitatz;
E cre que·l cels e·l tros ne fos per el traucatz,
E'n trabuquei los angels, can los trobet dampnatz;
E crey que Sans Joans lo tenc entre sos bratz
E·l bateget en l'aigua el flum, can fo propchatz;
E conosc be la senha abanchas que fos natz,
El ventre de sa maire que s vols al destre latz;
E cre Rom' e Sant Peire, a cuy fon comandatz
Jutge de penedensa, de sen e de foldatz.
Mas so non crezon clerge, que fan las falcetatz,
Que son lare d'aver penre et escas de bontatz,
E son bel per la cara et ore de peccatz,
E devedon als autres d'aco que fan lurs atz.
Et en loc de matinas an us ordes trobatz
Que jazon ab putanas tro·l solelhs es levatz;
Enans canton baladas e prozels trasgitatz,
Abans conquerran Dieu Cayfas o Pilatz.
Monge solon estar dins los mostiers serratz,
On adzoravon Dieu denan las magestatz;
Era son en las vilas, on an lurs poestatz.
Si avetz bela femna o es homs molheratz,
El seran cobertor, sieus peza o sieus platz;
E cant el son dessus e·l con son sagelatz
Ab las bolas redondas que pendon als matratz,

ESTRIBOTE

Farei um estribote com mestria e arte,
Palavras novas em louvor da divindade,
Pois creio em Deus, feito homem e gerado
Em virgem santa para sermos resgatados;
No pai, no filho e na santa trindade,
A saber, três pessoas em uma unidade,
E que o arco do céu foi por ele quebrado
Para lançar no inferno o anjo revoltado;
E creio que São João o teve entre seus braços
E o levou para o rio, onde foi batizado,
E que o reconheceu pelo sinal gravado
No ventre de sua santa mãe, antes do parto;
Creio em Roma e São Pedro, por Deus designado
Juiz de penitência, senso e insanidade.
Mas não creio nos frades, reis da falsidade,
Ávidos por dinheiro, avaros de bondade,
Belos por fora, estufados de pecado,
Que aos outros interdizem os seus próprios atos.
Em lugar de matinas, agora são versados
Em dormir com putanas, até que o sol vai alto,
E só cantam baladas e salmos transviados:
Antes, é ver no céu Caifás e Pilatos.
Outrora os sacerdotes viviam encerrados
E adoravam a Deus diante dos santos adros;
Hoje vão à cidade e viram potentados.
Se tendes uma amante ou sois homem casado,
Fazem de cobertor; sem serdes consultado,
Sobre a vossa mulher, cujo sexo é selado
Com as bolas redondas que lhes pendem do cajado;

Can las letras son clauzas e lo traucx es serratz,
D'aqui eyson li' retge e li essabatatz,
Que juron e renegon e jogon a tres datz;
Aiso fan monge nègre en loc de caritaz.
Mon estribot fenis, que es tot compassatz,
Cai trag de gramatica e de divinitatz,
E si mal o ai dig, que·m sia perdonatz,
Que yeu o dic per Dieu, qu'en sia pus amatz,
    E per mal estribatz clergues.

Cartas lacradas e buracos bem tapados,
Eis de onde saem os herejes e os malvados,
Que juram e renegam e jogam com três dados;
Assim os monjes negros fazem a caridade.
Meu estribote finda, todo compassado,
Segundo a boa arte e as leis da divindade,
Se eu falei mal, que seja perdoado,
Só desejo é que
Deus seja mais bem-amado
    E, pelo amor de Deus, esfolados os frades.

CANZO

Pauc pretz prim prec de prejador
Can cre qu'el cuja convertir
Vir vas vil voler sa valor;
Don dreitz deu dar dan al partir;
   Si sec son sen salvatge
Leu l'es lo lares laus lag lonhatz;
Plus pretz lauzables que lauzatz;
   Trop ten estreg ostatge
Dreitz drutz del dart d'amor nafratz;
Per plus pretz plus pretz es compratz.

   No volh voler volatge,
Que·m volv e·m vir vils voluntatz,
Mas lai on mos vols es volatz.

CANÇÃO

Prezo bem pouco a prece aos pés do amor,
Que o crente crê com corte conquistar,
Varão que vai valer tão vil valor
Deve doar em dobro a dor de amar.
   Se segue o seu senso selvagem,
Lá longe são seus lazeres levados;
Prezo os louváveis mais do que os louvados;
   Tem tão estreita hospedagem
Quem se deixar do amor ser dardejado;
Por preço a mais, mais apreço é comprado.

   Só vejo vã vantagem
Em quem me volve e vira em vil vontade,
Salvo essa, a quem eu vivo devotado.

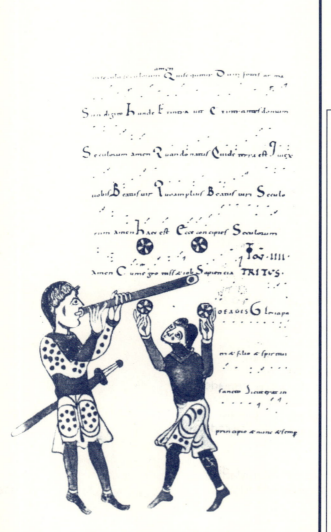

OS POETAS MALDITOS DO MALDIZER

I

Não tenho dúvidas. A edição crítica das *Cantigas d'Escarnho e de Mal Dizer dos Cancioneiros Medievais Galego-Portugueses* que vem de ser publicada, através da Editorial Galáxia (Colección Filolóxica), da Galiza, pelo prof. Rodrigues Lapa, é um dos maiores eventos literários dos últimos tempos. Que os entendidos e os entediados disputem as nugas desse monumental trabalho que ressuscita a poesia satírica medieval em 428 composições. Mas não pode haver mal-entendido. Ninguém há de discutir o rigor e a competência e – o que é mais raro no mundo fechado dos *scholars* e filólogos – a alta e aguda sensibilidade poética de Rodrigues Lapa. Sem falar no desassombro com que rompe a muralha de silêncio imposta pelas convenções e pela rotina para dizer o "indizível" e publicar o "impublicável" dos nossos cancioneiros ancestrais. Todos lhe seremos eternamente devedores por ter tido a coragem de levantar a maldição que recaía sobre os trovadores do maldizer, a bem dizer "poetas malditos", se não em seu tempo, pelo menos depois que os preconceitos moralizantes lhes amordaçaram a voz violenta, por tantos séculos.

Como bem observa Rodrigues Lapa, em seu prefácio, "a publicação parcial do nosso rico espólio trovadoresco podia dar da nossa produção lírica uma imagem incompleta e deformada. Havia que patentear o reverso da medalha: os nossos trovadores não tinham só olhos postos no ideal; também fitavam as realidades quotidianas com os olhos de ver; e a argúcia e o engenho que punham na casuística do amor, sabiam empregá-los outrossim na descrição e repreensão dos ridículos e mazelas dos contemporâneos". E, ainda, a propósito das "boas maneiras" que nos esconderam, por tanto tempo, essa grande tradição poética em expurgados florilégios *ad usum delphini:* "a poesia satírica dos trovadores desconhecia muitas vezes a arte sutil do eufemismo, e preferia chamar as coisas pelos seus próprios nomes. A crueza e indecência de certas expressões afugentam os tímidos e delicados, embora uma insigne romanista, D. Carolina Michaelis de Vasconcelos, viesse há tempos, com coragem meritória e abnegado espírito científico, publicando numa revista alemã as suas preciosas 'Notas marginais aos velhos Cancioneiros', nelas incluindo a edição de muitas dessas cantigas".

Da mesma forma que a poesia dos trovadores provençais, seus mestres e predecessores, a dos poetas dos cancioneiros galego-portugueses dos séculos XIII e XIV possui, ao lado da lírica do amor cavalheiresco, de inspiração platônica, que constitui a sua face mais conhecida, uma poderosa vertente realista de temática amorosa ou social. As trovas de Jaufre Rudel ao *amor de lonh* (amor de longe) – a dama por quem o poeta se apaixonou *ses vezer* (sem a ver), segundo reza a *razo* (biografia) provençal – coexistem com as atrevidas fanfarronadas de Guilhem de Peitieu, 7º conde de Poitiers, 9º duque de Aquitânia e *maiestre certa* (mestre infalível) na arte da conquista das mulheres. As idealizações de Arnaut Daniel ou de Bernart de Ventadorn, em seus versos à amada inacessível como o ar amargo ("l'aura amara") ou como a cotovia ("la lauzeta"), convivem com o palavrório desaforado de Marcabru, que invectiva o amor enganoso das prostitutas, ou com a língua libertina do Monge de Montaudon, "le sexe obscène de la pure Poésie provençale", como disse dele André Berry[1]: ou, ainda, com a truculência satírica de um Peire Cardenal, nos seus fulminantes serventeses contra os frades ou contra os ricos. Às finuras e refinamentos das trovas do amor cortês responde o amor descortês das cantigas d'escarnho e de maldizer, com "grossura" apenas aparente, pois é bom que se acentue, com Rodrigues Lapa, que nada ficam elas devendo aos requintes versificatórios das cantigas d'amor e d'amigo.

Há, na verdade, toda uma tradição realista na poesia, cuidadosamente obscurecida por um ritual do bom tom literário, e que é preciso recuperar para a saúde e a vitalidade das artes, no mesmo sentido da lição de Rodrigues Lapa. A poesia do realismo amoroso tem sido a mais sacrificada por práticas eufemísticas ou puramente omissivas que erigiram em torno dela uma espécie de tabu. Mas não só ela. A sátira, em geral, por obra de uma série de distorções pretensamente moralísticas, passou a ser considerada por muitos um gênero "maldito" ou "menor", apêndice indesejável da criação poética. Mormente quando incorpora aquela categoria de vocábulos tão comum ao nosso cotidiano viver-a-vida e que curiosamente se distingue das demais palavras da tribo por um sufixo aumentativo e por uma mudança de gênero: o palavrão, tolerado na prosa mas proscrito em

---

1. André Berry, *Florilège des Trobadours*. Paris, Firmin-Didot, 1930, p. 347.

poesia. Pois não há até um concurso oficial de poesia em São Paulo que, em cláusula expressa de seus editais, interdiz a apresentação de poemas satíricos?

Entre nós, a grande vítima parece ser Gregório de Matos, cujos "versos licenciosos", excluídos das edições de suas obras, ficaram nos "arquivos da Academia para satisfação de alguma indiscreta curiosidade", como consta da nota preliminar à edição da Academia Brasileira de Letras (1923-1933), e lá permaneceram, pelo visto, até hoje, imortalmente amortalhadas. João Ribeiro achava "perfeitamente justificável e até louvável essa exclusão", reconhecendo embora que "o volume que falta, como o sétimo de Bocage, na edição de Rebelo da Silva, seria talvez o mais apetecido e acharia numerosos leitores". E acrescentava ainda: "Vale Cabral, quando pela primeira vez editou a pequena parte da obra de Gregório de Matos, substituiu por pontinhos ou reticências as palavras torpes ou indecorosas. Poder-se-ia talvez transcrevê-las em caracteres gregos que, no entanto, não as esconderiam em grande número de casos"[2]. Tenho por inadmissíveis e mesmo condenáveis tanto o arquivamento como os cortes e as alterações de texto aceitos ou sugeridos por João Ribeiro, talvez até com um secreto humor – o humor de quem soube deplorar, em outra ocasião, o sucedido a D. Lalá numa das mais ousadas páginas do *Serafim Ponte Grande* de Oswald de Andrade – mas com as reservas de pudicícia que se denunciam nos adjetivos "torpe" e "indecoroso" que atrela às palavras-tabu de Gregório de Matos. Infelizmente a censura reticencial ou pontilhista continua viva e atuante em plena segunda metade do século XX. Num *Panorama da Poesia Brasileira* (vol. I – Era Luso-Brasileira) publicado em 1959, pela Editora Civilização Brasileira, e a cargo de Antônio Soares Amora, o notável poema "Juízo anatômico dos achaques que padecia o corpo da República em todos os membros, e inteira definição do que em todos os tempos é a Bahia" (o mesmo que Manuel Bandeira sempre incluiu, completo, em sua *Apresentação da Poesia Brasileira)* aparece mutilado de um terceto, substituído pelos famigerados pontinhos...[3]

2. João Ribeiro, *Crítica*, vol. 1 (Clássicos e Românticos Brasileiros). Rio de Janeiro, Ed. da Academia Brasileira de Letras, 1952, p. 45.

3. *Nota para esta edição:* Este trabalho foi publicado em 1966. Três anos depois apareciam as *Obras Completas de Gregório de Matos* – Crônica do Viver Baiano Seiscentista – 7 vols., Editora Janaína Ltda. Graças à iniciativa corajosa de James Amado, responsável pela coletânea, tivemos pela primeira vez uma edição inexpurgada do poeta baiano, sem cortes e sem mutilações. Por incrível que pareça, ainda houve quem se insurgisse, em plena 2ª metade do século XX, contra esse verdadeiro ato de benemerência. O Sr. Heitor Martins teve suficientes pruridos inquisitoriais para tanto, num artigo intitulado "Gregório de Matos: Mito e Problemas" (Suplemento Literário do jornal *Minas Gerais,* 29-8-70). Como a querer diminuir o mérito da oportuna edição, pretende ele insinuar, contra toda a evidência, que jamais faltou

Hoje, quando os trópicos de Henry Miller se estendem livremente pelas livrarias, parece que já podemos mandar às favas as reticências e os caracteres gregos que nos querem impingir os códigos morigerantes. Como diz o próprio Miller – esse moderno amoralista, não tanto no sentido de a-moral como no de amor-al, paladino de uma nova moral do amor – fazendo a defesa de sua obra: "É minha honesta convicção que o medo e o horror que o obsceno inspira, particularmente nos tempos modernos, provêm mais da linguagem empregada que do pensamento. É como se estivéssemos tratando com tabus primitivos. Que certas palavras, certas expressões, comumente – embora nem sempre – correlacionadas com o sexo, tenham passado a ser consideradas 'proibidas' é no fundo, uma total mistificação. Aqueles que se sentem chocados, molestados, ofendidos ou aterrorizados à vista desses símbolos escritos não são estranhos a eles na linguagem oral. Nós todos ouvimos expressões 'sujas', 'feias', diariamente, do berço ao túmulo. Como e por que, então, não nos tornamos imunes a elas? Que mágica possuem elas, contra a qual não temos proteção? Observe-se que é especialmente contra o seu uso em literatura que os virtuosos objetam. Mas por que deveria a literatura ser mais sacrossanta do que a fala?"[4] Realmente, é inconcebível que grandes obras literárias sejam alienadas ou segregadas do conhecimento geral em nome de semelhantes tabus ou por reverência a eles.

Ocorrem-me estas reflexões à vista do trabalho de Rodrigues Lapa, que, para mim, não tem apenas mérito estritamente literário e filológico, mas também um valor ético ou ético-estético – o de contribuir, talvez de-

divulgação a Gregório de Matos. Ora, somente no século XIX começou a ser impressa a obra gregoriana, ocorrendo no *Florilégio da Poesia Brasileira* de Varnhagen (1850) a primeira edição de parte considerável dos poemas de Gregório, escritos cerca de 200 anos antes! Tentativas de edições de obras "completas", mas sempre incompletas e expurgadas, tivemos apenas a de Vale Cabral (que não foi além do vol. I – Sátiras), em 1882, e a da Academia Brasileira de Letras, aos cuidados de Afrânio Peixoto (1923-1933), pobremente reproduzida pela Editora Cultura em 1943, em publicação há muito esgotada. Para o Sr. Heitor Martins isso é estar fartamente divulgado. Na cauda do seu artigo, trata ainda o Sr. Martins do "problema moral" (sic) da edição de James Amado, para indigitá-la com esta jóia de argumentação: "A 'pudicícia' de Afrânio Peixoto era condenável por se tratar de edição erudita: a 'liberalidade' da Editora Janaína é ainda mais condenável por se tratar de edição comercial". A mesquinhez e a estreiteza desses conceitos dispensam maior comentário. Não passam, afinal, de um presente tardio, do presépio da nossa crítica subdesenvolvida, ao outro, mais antigo, da nossa Sé da Bahia... De resto, Gregório faz, ele próprio, em mais de uma oportunidade, a defesa de sua língua desamordaçada. Quando, por exemplo, reinvindica o direito de chamar as coisas pelos nomes que têm ("chamar, o que uma cousa se chama"). Ou quando, em "Verdades", afirma: *dico vere veritates,* concluindo: "Tudo o mais é ser francês / Ou trazer na boca freios".

4. Henry Miller, "Obscenity in Literature", *New Directions in Prose and Poetry.* New York, nº 16, 1957, p. 237-238.

finitivamente, com a sua autoridade e a sua seriedade incontestáveis, para a preservação da liberdade de pensamento e sua divulgação escrita, contra todas as espécies de vetos totais ou parciais à criação artística.

II

As cantigas de escárnio e de maldizer que, graças a Rodrigues Lapa, são agora reveladas a um público mais amplo, a par de uma excelência literária que honra a língua portuguesa, nos descortinam um panorama de liberdade poética ainda hoje raro e por isso mesmo atualíssimo.

No território livre dessa poesia cortês do amor descortês, que o palavrão grã-grosso percorre naturalmente, *sin esfuerzo*, e até com imensa dignidade, nas faixas do humor, da paixão ou da amargura, podemos distinguir, evidentemente, gradações e estratégias diversas do dizer. Há as cantigas que usam de uma linguagem totalmente realista, direta, as que – como diz o prof. Lapa – chamam as coisas pelos seus próprios nomes. Assim, algumas de Afonso Eanes de Cotom, segrel de vida aventurosa e boêmia, segundo faz entrever o serventes a ele dirigido por Martin Soárez (nº 286), dando o rol de suas "manhas" e de sua "folia": bebida, jogo, mulheres. Exemplo desse supernaturalismo poético é a cantiga nº 37, em que Afonso Eanes suplica, por amor de Deus, a certa abadessa "mui sabedor de todo ben" que o ensine a amar, prometendo: "E se eu ensinado vou / de vós, senhor, deste mester", cada vez que amar "direi / Pater Noster e enmentarei / a alma de quem m'ensinou". Ou a nº 41, que se ocupa da sáfica Maria Mateus, tema raro na poesia medieval, retomado no poema de Dom Joam de Meneses "a Huma Dama que Refiava & Beijava Dona Guiomar de Crasto", no Cancioneiro Geral de Garcia de Resende. Também as de Fernando Esquio (nº 146 e 147) a um frade que tinha muitos filhos e a uma religiosa desconsolada. As de João Garcia de Guilhade (nº 205 e 206), em que o poeta se atormenta com o desejo da mulher do outro: "Martin jograr, que gran cousa: / já sempre con vosco pousa / vossa molher!". A de Pero d'Ambroa (nº 331), na qual o trovador, diante do alto preço que lhe exige uma prostituta pelo seu corpo, pede-lhe que o venda a retalho, como se fazia com os mantimentos: "E podede-lo vender – eu o sei – / tod'a retalho, por que saberan / que retalhades, e comprar-vos-an / todos d'el parte, como eu comprei".

Mas há também inúmeras amostras de abordagem cifrada das zonas "proibidas" da linguagem através dos recursos estilísticos da homofonia e do trocadilho, para na duplicidade semântica fazer aflorar, sub-repticiamente, o segundo sentido submerso ou subverso. É o caso das cantigas que brincam com nomes próprios: a nº 138, de Fernan Rodriguez Calheiros ("cantiga a outra dona, a que davam preço con um peon que avia nome Vela"); a nº 231, de João Soarez Coelho, sobre Maria do Grave, em que o trovador, joga com os sentidos propiciados pelo sobrenome de uma prostituta, para dela escarnecer: "Maria do Grave, grav'é de saber / por que vos chamam Maria do Grave"; a nº 366, dirigida a outra mulher da vida, de alcunha "Peixota", por Pero da Ponte; ou ainda a nº 382, de Pero Garcia Burgalês, em que uma tal Maria Negra esclarece a origem do seu nome, associando-o a uma imagem pubiana do próprio sexo.

Um dos melhores exemplos de *double entendre* nos é oferecido por D. Afonso Lopes de Baião, na "cantiga da madeira nova" (nº 59), como a denominou Carolina Michaelis, que – conforme refere Lapa – se confessou incapaz de decifrar-lhe o sentido oculto; tal madeira nada mais vinha a ser que uma jovem freira do convento de Arouca, como fica patente, ainda, através da cantiga nº 302, de Paio Gomes Charinho, em que este aconselha D. Afonso a como tratar a "madeira nova" de que necessita para sua casa, sob pena de perder-se a obra per *mao lavrador*. Outra excelente composição do gênero é a cantiga do "corvo carnaçal" (nº 184), de Joan Airas de Santiago. Anotando a incidência dos trocadilhos sobre vocábulos polissêmicos – verbos *(veer, caer, aver, ficar)*, substantivos *(preço, razon)*, adjetivos *(grave)*, preposições *(sobre, su* = sob) – nas canções escarninhas, comenta Rodrigues Lapa em sua introdução: "Esse jogo verbal atinge, num escarnho de João Airas de Santiago (nº 184), a sua expressão mais perfeita. Uma dona ia para ouvir missa de Ano Bom, mas 'ouve' um corvo 'carnaçal', e já não saiu de casa. Não se trata de ave agoirenta que ela ouvisse (verbo ouvir); teve (verbo aver), sim, junto dela um homem faminto de carne, que a fez esquecer do seu dever religioso". E, mais adiante, acrescenta: "Lemos um dia esta peça literária a dois distintos poetas brasileiros de vanguarda: ficaram surpreendidíssimos com a perfeição formal e conteudística desta pequenina obra-prima e pelo arrojo libertino de sua inspiração". (Alude aqui o prof. Lapa a Haroldo de Campos e Décio Pignatari).

Numa zona intermediária entre o dizer e o não dizer (mas sempre maldizer) fica a cantiga de Estevão da Guarda (nº 119), que, segundo Lapa, talvez represente o maior atrevimento de todo o "escarnho" galego-português, tendo como tema "uma estranha briga incestuosa" ("En tal porfia qual eu nunca vi, / vi eu Dom Foan con sa madr'estar;"). Como se vê, o exercício da liberdade crítica nessas cantigas não hesita em abordar os temas tidos como os mais escabrosos. Na sua *sinceritas* vivencial, que pode ter violentos rasgos de dramaticidade, não poupam sequer a Deus, objeto do maldizer de pelo menos dois notáveis serventeses: a cantiga nº 162, de Gil Perez Conde, em que o poeta manifesta a sua inconformidade com a perda da mulher, que teria ido para um convento: "Deus nunca mi a mi nada deu / e tolhe-me boa senhor: / por esto, non creo en el eu / nen me tenh'en pecador, / ca me fez mia senhor perder,"; a n° 385, de Pero Garcia Burgalês, cujos versos, não menos patéticos, atestam – no entender de Lapa – "o grau de liberdade que havia então em matéria religiosa" ("Nunca Deus quis nulha cousa gran ben / nen de coitado nunca se doeu, / pero dizen que coitado viveu;").

Numerosas são, também, as canções de teor social, que castigam os costumes e fustigam, especialmente, o "ricome", o homem abastado, com sua imagem associada à ideia de avareza e mesquinharia. Apesar da observação de R. Lapa de que o que predomina é a estocada individual, sendo raro o "escarnho" de feição abstrata, religiosa ou moral, e poucos os trovadores que a ele se dedicaram – esse o caso do eclesiástico Martin Moxa, que Lapa supõe haver sido influenciado por Peire Cardenal – o fato é que tais poemas geralmente transcendem o seu alvo imediato, alcançando maior ressonância crítica. Ao ver do prof. Lapa, a peça mais rica do gênero social-moralizante seria o serventes "En muit'andando, cheguei a logar" (n° 279), que versa sobre o tema do homem de cultura, obrigado a prostituir-se perante o inculto endinheirado, e que sonha com a vitória do mais fraco, na visão alegórica de uma briga de aves ("Este sonho, que-no pode soltar?", isto é, quem o pode explicar?). Mas igual amplitude e até maior contundência atingem muitos serventeses pessoais que renovam as arremetidas de Cardenal contra o *ric home* do seu tempo: "Li ric home an pietat tan gran / De l'autra gen, quon a Cayms d'Abel, / Que mais volon tolre que lop no fan / E mais mentir que tozas de bordelh;" (Os ricos têm tão grande piedade / Dos seus irmãos, quanto Caim de Abel; / Ganham dos lobos em rapacidade / E mentem mais que moças de bordel;). Assim, Pero da Ponte (cantiga n° 357): "En almoeda vi estar / oj'un ricom' e diss'assi / – Quen quer un ricome comprar? / E nunca i comprador vi / que o quisesse nen en don, / ca dizian todos que non / daria un soldo por si". Na mesma cantiga, esta tomada, de sabor tão atual: "E, u foron polo vender, / preguntarõ-no en gran sen: / – Ricom'; que sabedes fazer? / E o ricome disse: – Ren; / non amo custa nen misson, (i. é: – *Nada; não amo despesas nem trabalho*) / mais compro mui de coraçon / erdade, se mi a vend' alguen". Rui Paes de Ribela tem excelentes serventeses nesse estilo: a cantiga n° 410, admirável pelo vigor e eficácia extraídos da concisão e do tom interrogativo, que deixa em suspenso, aparentemente apenas, a conclusão: "Preguntad' um ricome / mui rico, que mal come, / por que o faz. / / El, de fam' e de sede, / mata orne, beno sabede. / Por que o faz? / / Mal com' e faz nemiga; / dizede-lhi que diga / por que o faz."; a n° 411, em que o poeta acrescenta à palavra "ricome" um sufixo pejorativo, para escarnecer do pão-durismo de sua mesa: "Un ricomaz, un ricomaz, / que de mãos jantares faz!" O exame puramente estilístico das cantigas nos levaria longe. São muitos os achados, as soluções interessantes e mesmo novas. Os jogos verbais, abundantíssimos, dão aos textos uma multiplicidade de planos sintáticos e semânticos que os colocam em cheio no domínio dos problemas que afetam a poesia moderna. As soluções formais demonstram, não poucas vezes, um atilado senso combinatório das palavras. Como no caso da cantiga nº 403, de Pero Viviaez, em que o trovador escarnece, por via indireta, dos jantares mesquinhos de um rico-homem, dirigindo-se em tom de censura a alguém que critica a sua mesa sem a ter experimentado. A cantiga é construída com predominância incomum de monossílabos e permeada em todas as suas linhas (exceção feita às primeiras de cada estrofe) pela repetição das palavras *ben* e *mal*, o que lhe dá uma sonoridade viva e característica: "Por Don Foan en sa casa comer / quer ben quer mal, que á i d'adubar? / Quen mal con ei nen ben non sol jantar / e dei ben diz nen mal, faz sou prazer". Outro curioso *tour de force* é a cantiga nº 198, de Joán Fernandez d'Ardeleiro, com suas rimas de palavras inteiras, quase homófonas, variando emparelhadamente apenas na última letra ("o" e "a"): "O que seja no pavio, / que me fez perder Pavia," etc.

Eis aí, ao sabor de uma primeira e deliciosa leitura, numa tentativa de rearticulação da memória, algumas das observações que me suscita o grande, grandioso volume das *Cantigas d'Escarnho e de Mal Dizer*, onde há tanto que descobrir e de que maravilhar.

Nada mais que notas despretenciosas, de um poeta mais do que de um crítico, e menos ainda de um especialista em literatura medieval, que certamente pouco acrescentam à obra magistral de que tratam. Mas que, espero, sirvam ao menos como testemunho da reação dos poetas de minha geração (se por eles, ou por alguns deles posso falar) diante desse belo trabalho de Rodrigues Lapa. Que em seu riquíssimo *approach* da poesia trovadoresca fez também obra de poeta. Inclusive nas diversas "calafetações" de sua lavra, postas, como o declara, "entre colchetes, para não iludirem ninguém". Trabalho que é feito de conhecimento, intuição e invenção. E que reconcilia crítica e criação, frequentemente em pólos tão opostos, num mesmo horizonte de experiência estética e humana.

DO TEMOR, DO AMOR, DO HUMOR

I

Na esteira das admiráveis *Cantigas d'Escarnho e de Mal Dizer dos Cancioneiros Medievais Galego-Portugueses*, e já como uma réplica positiva à lição-desafio desse monumento literário que Rodrigues Lapa erigiu das ruínas da literatura medieval, surgiu em Portugal um livro que se destina a ser um novo marco histórico e cultural em nossa língua. Refiro-me à *Antologia de Poesia Portuguesa Erótica e Satírica (dos Cancioneiros Medievais à Atualidade)*, seleção, tradução, prefácio e notas de Natália Correia[1].

Ao saudar a ressurreição das *Cantigas* no meu pequeno estudo OS POETAS MALDITOS DO MALDIZER, tive ensejo de aludir a toda a gama de rituais eufemísticos ou meramente supressivos que, como uma verdadeira maldição lançada contra a cultura, têm obstruído a divulgação da poesia de amor e de humor, afastando do convívio das novas gerações obras importantíssimas como as de Bocage ou de Gregório de Matos[2].

Não foi com outra intenção, senão a de reagir contra esse estado de coisas, que os poetas concretos brasileiros haviam pensado em reunir, num

1. A edição, de responsabilidade de Fernando Ribeiro de Melo, não traz data expressa, mas o prefácio de Natália Correia é datado de novembro de 1965.
2. *Nota para esta edição* – Isto foi escrito em 1966. Em 1969, um poeta do grupo concreto, Luis Ângelo Pinto, republicou as *Poesias Eróticas, Burlescas e Satíricas* de Bocage, segundo uma edição de 1911. Depois de ter lido esse volume, a par dos poemas erótico-satíricos de Gregório de Matos, na edição inexpurgada de James Amado, parece-me evidente que a obra bocagiana não tem a mesma precisão e a mesma importância da do poeta baiano. Com o meu aplauso à edição brasileira de Bocage, fica aqui a ressalva, que julgo necessária, ante o superlativo *importantíssimas* com que a minha repulsa ao obscurantismo solidarizou, então, as obras dos dois poetas.

volume para o qual Décio Pignatari sugerira o título culinário de "Antologia do Comer", alguns dos mais extraordinários "poemas proibidos" de todos os tempos. Dentre eles, já traduzidos por mim: o epigrama "Ad Eunum Ligurritorem Pedagogum", de Ausônio, em que o poeta latino usa da *fisiognomia* dos caracteres gregos para descrever o sexo feminino; duas canções de Guilherme IX, que batizei de "O teste do gato" e "O lance de dados", e que Alfred Jeanroy só ousou traduzir parcialmente em sua edição das *Chansons* do primeiro trovador provençal; o "Estribote" de Peire Cardenal contra o mau clero; a "Elegy, Going to Bed" (Elegia, Indo para o Leito), excluída da primeira edição do reverendo John Donne; o suculento "Le Beau Tetin" (O Belo Peito), de Clément Marot, que Alvares de Azevedo conseguiu converter num pálido e dessorado "Seio de Virgem"; o soneto estatístico-priápico "Er Padre de li Santi" (O Pai dos Santos) de Giuseppe Gioachino Belli, sobre o qual me chamou a atenção o poeta Paulo Leminski; o belo-horrível da "Venus Anadiômene" de Rimbaud; o Mallarmé violento de "Une négresse par le démon secouée". Haroldo de Campos contribuiria com uma esplêndida "Homenagem a Catulo Veronense", composta da tradução de vários textos do poeta latino. E Décio Pignatari tem uma fabulosa versão em gíria suburbana, paulista, da "Balada da Gorda Margô", de Villon, que não poderia faltar a esse pequeno "florilégio do mal"[3].

Ignorava eu, ao escrever aquele estudo, que já se achava em vias de publicação a antologia organizada por Natália Correia, que veio dar contribuição do maior relevo para a preservação dessa fundamental tradição poética, assim como para a sua projeção na poesia dos dias que correm. De fato, essa ampla coletânea reúne, em suas 551 páginas, algumas das pedras-de-40que do gênero em nossa língua, estendendo até os nossos dias a revolução-revelação iniciada por Rodrigues Lapa com a edição das *Cantigas d'Escarnho e de Mal Dizer*.

Embora pretenda considerar aqui a *Antologia da Poesia Portuguesa Erótica e Satírica de* um ponto de vista essencialmente literário ou poético, âmbito cultural em que se inscreve tal trabalho, não é possível deixar de constatar que a sua publicação só se tornou viável na medida em que se vem processando uma nova consciencialização do homem moderno, desejoso de assumir em plena responsabilidade os seus destinos e a sua existência. Esse redescobrimento do homem, que o leva a perquirir e a questionar

---

3. O poeta Affonso Ávila me fala de um projeto semelhante, voltado para o repertório da poesia nacional, lembrando "a tradição erótico-escatológico-realista mineira", que teria como padrão o "Elixir do Pagé" de Bernardo Guimarães, prosseguindo em poemas irreverentes do simbolista Alphonsus (inéditos) e em poemas do tipo de "O sátiro", de Drummond *(Lição de Coisas)*.

as *idées reçues* em todos os planos de sua atuação social, não poderia deixar em branco o terreno vedado da sexualidade. De Freud a Kinsey, vem-se operando no domínio científico uma autêntica revolução que, libertando o homem de tabus e preconceitos ancestrais, contribui para colocá-lo na total e limpa consciência de si mesmo. No prefácio ao célebre livro do Dr. Kinsey, *Conduta Sexual da Mulher*, divulgado até em edições de bolso nos EE.UU., leem-se estas palavras elucidativas: "Nos Estados Unidos, o século XX tem sido um período de alterações excessivamente rápidas e revolucionárias nas atitudes e práticas sexuais. Enquanto durante o século XIX predominava em nosso País a atitude puritana em relação a assuntos de sexo, desde a passagem do século, tanto os costumes como as práticas têm estado em evolução. O que há 50 anos não podia ser mencionado em um grupo social – fatos e experiências ligadas ao sexo e à reprodução – é hoje proferido sem inibição. Estas alterações são em parte devidas aos seguintes fatores: 1 – a progressiva emancipação sexual e econômica da mulher; 2 – a influência generalizada dos conceitos e descobertas de Freud; e 3 – o contato, durante as grandes guerras mundiais, de milhões de jovens americanos com civilizações e povos, cujos códigos e práticas sexuais diferem grandemente daqueles em que foram criados". Mais recentemente, um investigador como William Masters, autor de *Human Sexual Response*, detalhado estudo científico da sexualidade que vai ainda além das ousadas pesquisas de Alfred Kinsey, declarou: "A humanidade sempre considerou a reprodução e o impulso sexual como forças poderosas e daí a óbvia necessidade de protegê-los. Mas ao mesmo tempo se substituíram os fatos reais pelo tabu e pelo rito e se converteu a conjectura em superstição". E ainda: "Tratamos de explorar o que ocorre em uma zona antes delimitada pelo segredo, e agora, segundo parece, já não restam tabus no campo da literatura científica. Creio que o público deseja aprofundar-se em nosso trabalho porque está farto de que sexualidade e pecado sejam considerados sinônimos". Comentando o êxito do livro do Dr. Masters, o redator científico da revista *Life* (ed. espanhola, 1-8-66) lembra que *Human Sexual Response*, lançado este ano e já guindado à categoria dos *best sellers*, surge para o público norte-americano num momento em que as edições de bolso de *Fanny Hill* e as obras inexpurgadas do Marquês de Sade se vendem em todas as bancas e esquinas dos EE.UU.

Essa definição geral do contexto que se abre ao homem moderno se faz necessária, correlatamente à apreciação literária da *Antologia* de Natália Correia, porque é de se supor que sobre ela, precisamente por sua coragem e integridade no abordar a "poesia sexual", vá desabar a fúria dos fariseus e dos inquisidores que ainda sobrevivem por toda a parte, embora cada vez mais identificáveis e desmascaráveis.

Se os rituais da censura literária já estão praticamente desmoralizados em todo o mundo, depois de vexames como o da apreensão de triste memória de livros da categoria do *Ulysses* de James Joyce, pulverizada pela magistral sentença do juiz Woolsey, parece que a poesia ainda constitui o último reduto a que se apegam os zelotes da moral pública, os quais, como sempre, nada têm a ver quer com a cultura quer com a poesia. Citei, a propósito das *Cantigas* coligidas por Rodrigues Lapa, as estropiações dos poemas de Gregório de Matos em edições nacionais, onde se substituíram por reticências pundonorosas algumas palavras que todos conhecem e que abundam nos romances modernos. Poderia ter citado igualmente as edições soviéticas de Maiakóvski e de Iessiênin, onde a pudicícia oficial usou da mesma técnica para suprimir os comuns palavrões da tribo. É evidente que a generalização de tal critério levaria ao absurdo de se chegar às edições expurgadas de Dante ou de Shakespeare, este último um permanente infrator dos códigos do puritanismo literário. Liberal no tocante aos livros de ficção, batido e derrotado na literatura científica, o pundonor em pânico tenta ainda ciliciar a poesia, para, como diria Maiakóvski, "encerrar num círculo de incisos / os pássaros, as mulheres e o riso".

Por tudo isso merece o maior respeito e a maior admiração a corajosa antologia feita por Natália Correia, tanto mais ousada e mais admirável por ser ela mulher, circunstância seguramente agravante perante o código discriminatório do falso moralismo literário.

Ao afrontar, assim, as convenções, imprimindo na íntegra a obra proibida dos poetas portugueses de todos os tempos, Natália Correia dá mais um passo importante para a livre manifestação das ideias, ao mesmo tempo que colabora para a dessacralização da poesia, atividade que, aparentemente lúdica e inofensiva, só tem sentido enquanto põe em xeque e em choque a consciência fatigada do homem para restabelecê-lo em situação de lucidez perante o mundo.

II

A reclusão a que foram submetidas durante séculos as obras poéticas que, pelo enfoque do amor ou do humor, tematizam a sexualidade, faz da sua liberação a descoberta de uma área semântica fértil e criativa. "É realmente impressionante – diz-nos Natália Correia em seu prefácio à *Antologia da Poesia Portuguesa Erótica e Satírica* – a maior variedade terminológica das cantigas satíricas quando comparadas com a fixidez dos outros gêneros, em relação aos quais oferecem um dinamismo metafórico e um pecúlio adjetival que revela uma fantasia mais rica no domínio da imaginação satírica." E mais: "Na nossa sátira, preponderantemente escabrosa, o cômico reside menos no conteúdo do que na sua expressão verbal. Dir-se-ia mesmo ser esta que tece aquele, que se enriquece sempre pela fantasia do verbo".

É assim, de fato, com o sabor da novidade e do imprevisto – com um elevado teor de informação e originalidade – que nos aparece a poesia de maldizer dos trovadores galego-portugueses dos séculos XIII e XIV, Martim Soares, Afonso Eanes de Cotton, Pero da Ponte, João Garcia de Guilhade, Pero Garcia, Rui Pais de Ribela, Martin Moxa, João Zorro, de que Natália Correia nos dá alguns dos mais saborosos exemplos, quase sempre extraídos das lições de Rodrigues Lapa e adaptados, "traduzidos" mesmo, para o português moderno. E não deixa de ser espantoso verificar como a dimensão sonegada do realismo satírico-erótico é capaz de modificar a visão crítica de todo um período literário, como o barroco, aparentemente mergulhado na abstratização conceituai. Nesse sentido são mais do que expressivos os poemas antologizados de nomes ilustres do barroquismo português, como Tomás de Noronha, cujas produções "mais fesceninas", excluídas da *Fênix Renascida* e até do volume das *Poesias Inéditas* publicado por Mendes dos Remédios, são estampadas pela primeira vez na *Antologia;* Francisco Manuel de Melo, de que se publica um inédito que chega a lembrar, pelo engenho estilístico, as elegias eróticas do grande John Donne; Antônio Barbosa Bacelar (com dois excelentes sonetos do manuscrito da B.N.L. também pela primeira vez dados a conhecer), Diogo Lobo, Frei Antônio das Chagas, e naturalmente o nosso Gregório de Matos[4].

Mas é, talvez, nos poetas do século XVIII que a poesia do amor / humor vai atingir o seu mais franco e absoluto desate, através de um novo processo de dessacralização poética, em que a mensagem se reveste das formas nobres e grandiloquentes reservadas ao gênero épico, rebelando-se contra o contexto estrategicamente "menor" a que fora relegada. É, como bem assinala Natália Correia, a época do "florescimento do poema heróicômico, ou seja, o processo de transposição, o grosseiro em tom heroico, o soez em diapasão sublime". Esse acento paródístico, crítico-burlesco, está presente na farsa épica *A Martinhada,* de Caetano José da Silva Souto-Maior, o cognominado "Camões do Rocio"; em "Os Burros" do venenoso José Agostinho de Macedo, e sobretudo na poesia de Manuel Maria Barbosa du Bocage. A leitura de "A Manteigui", a sátira erótica que provocou a deportação de Bocage para Macau, ou do soneto-epitáfio ("Lá quando em mim

---

4. *Nota para esta edição* – Após a completa revelação dos poemas erótico-satíricos de Gregório de Matos, na edição de James Amado, a contribuição do barroco para o gênero ganha outro relevo. Gregório o domina como ninguém em nossa língua. Só uma comparação me vem à mente: Marcial. E o próprio século XVIII português parece se encolher ante a precedência da contundente explosão verbal do "Boca do Inferno".

perder a humanidade / Mais um daqueles que não fazem falta"), diretamente antinômico dos sonetos de contrição em que o poeta se aniquila e se desdiz, confirma que é absolutamente falso e sem sentido continuar a avaliar ou tentar reavaliar a obra do poeta sem levar em conta o contributo das suas poesias eróticas, burlescas e satíricas, parte integrante e talvez a mais importante e avançada de sua personalidade criadora. A grande revelação da *Antologia*, nesse período, é porém Antônio Lobo de Carvalho, o "Lobo da Mandragoa", de quem Natália Correia assevera, com toda a justiça, que "não só merece um lugar de especial destaque entre os satíricos portugueses, como deve o seu nome, obscurecido pela ignorância ou pelo preconceito dos cronistas literários, figurar na galeria dos relevantes poetas portugueses". Realmente, os seus sonetos "joviais e satíricos", onde o palavrão espouca com graça e brilho fulgurantes, são peças singulares. Têm a sonoridade cortante de um chicote, uma articulação precisa, uma cursividade que os faz tremendamente comunicativos, apesar da acentuada elaboração formal de sua fatura.

A *Antologia* nos reserva ainda outras surpresas. Por exemplo, Guerra Junqueiro, que parecia desprovido de interesse sob uma perspectiva moderna, mas cujo estilo retórico e discursivo ganha, com a incorporação da sátira erótica, uma liberdade nova, chegando mesmo a soluções verbais de um dinamismo insuspeitado: "A besta sobre a qual Tomás Ribeiro e Apoio / Têm feito a travessia imensa que conduz / À pasta, à posta, ao pasto..."

A semântica do realismo amoroso, recessiva e dissimulada durante o Simbolismo, e apenas sutil e refinadamente entremostrada nos versos sibilinos de Antônio Nobre ou Eugênio de Castro, encontra uma ressurreição violenta nos poetas do modernismo português. Entre aqueles e estes, a precisão geométrica de Cesário Verde deixa a marca registrada de sua peculiar ironia ("Teus olhos imorais, / Mulher que me dissecas, / Teus olhos dizem mais / Que muitas bibliotecas.") e de uma aguda fantasia erótica ("Todas as noites ela, ó sordidez! / Descalçava-me as botas, os coturnos / E fazia-me cócegas nos pés..."). Toda uma fenomenologia do amor carnal se processa no "Epithalamium" de Fernando Pessoa, agora ainda mais evidente com a transposição para o vernáculo que faz Natália Correia de parte do poema, escrito originalmente em inglês. E se o erotismo insatisfeito e desesperado de Mário de Sá-Carneiro já é conhecido do leitor brasileiro, o mesmo não se dá com Almada Negreiros, cujos manifestos poéticos, contundentes e polêmicos, fazem a crítica da moral burguesa com uma virulência só equiparada em nosso modernismo por Mário e Oswald de Andrade.

Na voz das novas e novíssimas gerações poéticas de Portugal a poesia do amor e do humor parece retomar esse impulso crítico e libertário, do surrealismo inventivo de Mário Cesariny de Vasconcelos (que roça a problemática da poesia concreta com os exercícios gráficos dos poemas inéditos "Panasca" e "Praeludium", escritos em pautas de música) ao experimentalismo já programaticamente concreto de E. M. de Mello e Castro, a propósito do qual comenta com acerto Natália Correia: "Neste terreno, a terminologia erótica adquire uma nova especificidade: ela liberta-se da contaminação discursiva, que nela espalha a cor obscena, para se converter em substância de um universo que cria pelo poder físico da poesia coisificada". (...) "Encarecendo o poder físico da palavra e desintegrando-a do seu enfeixamento contrastante que a torna ofensiva pela relatividade da lógica discursiva, reduzindo-a à mais completa objetividade, propõe-se assim a revolucionária recriação do mundo a partir do censurável e do proibido."

O interesse e a atualidade da dessacralização erótica na palavra poética foram ainda há pouco testemunhados pela revista de vanguarda francesa *Approches* (nº 2), dirigida por Jean-François Bory e Julien Blaine, toda ela dedicada a "l'érotisme dans la poésie matérielle", e na qual, ao lado da poesia concreta brasileira, comparecem as criações de jovens poetas de países tão diferentes como o Japão e a Itália, a Escócia e a Holanda, a Alemanha Oriental e os Estados Unidos, a França e a Alemanha Ocidental.

É possível, no entanto, que a insólita *Antologia* de Natália Correia venha a suscitar em alguns – como adverte David Mourão Ferreira – "a sádica nostalgia das fogueiras do Santo Ofício". Mas é tal a seriedade e a idoneidade com que a escritora se propôs, sob a invocação da figura exemplar de Carolina Michaelis de Vasconcelos, "exumar do cemitério das obras malditas" os poemas que constituem o corpo de sua antologia; é tão nítido o seu propósito, evidenciado pelas lúcidas e eruditas palavras introdutórias assim como pelos comentários que precedem os poemas de cada um dos autores selecionados, onde se procura, inclusive, distinguir criticamente entre a gratuidade obscena e a erotopoesia capaz de resistir ante um puro critério de valoração estética (como se vê na apresentação de Caetano José da Silva Souto-Maior); que só mesmo por muita má fé ou muita inconsciência se poderá, a propósito da *Antologia*, ressuscitar procedimentos que enegreceram e aviltaram a história da cultura universal, como os julgamentos de Flaubert e de Baudelaire, no século passado, e a proscrição (felizmente de há muito levantada) das obras de James Joyce e Henry Miller em nossos dias.

Natália Correia fez, efetivamente, com a sua *Antologia*, "obra de erudição, de criação e de civismo", como diz David Mourão Ferreira. E a poesia de Portugal, queiram ou não os seus possíveis e equivocados detratores, primeiro com as *Cantigas d'Escarnho e de Mal Dizer* magnificamente apresentadas por Rodrigues Lapa e agora com este novo empreendimento, nos dá uma lição de inteligência, de cultura e – por que não dizê-lo? – de vanguarda crítica. Estas simples notas – provavelmente as primeiras que aqui se escrevem sobre o recém-nascido e talvez já "maldito" livro de Natália Correia – querem proclamá-lo, com reconhecimento e com humildade, do mesmo passo em que auguram aos intelectuais portugueses novas vitórias como essa sobre as convenções e sobre o medo.

A META FÍSICA DOS "METAFÍSICOS"

Do século XVII nos vem essa poesia com sabor de novo, que, em nossos tempos, reanimada primeiro por T. S. Eliot[1] e depois por toda a crítica moderna, acabou devorando a vaga e voga dos poetas românticos, para afinal se impor como o mais importante movimento poético da literatura inglesa do passado.

Credita-se geralmente a Samuel Johnson o batismo oficial da escola, sob o nome discutido e discutível de "poetas metafísicos", em linhas hoje célebres, menos pela sensibilidade crítica do que pela fortuna dos poetas criticados:

> No início do séc. XVII apareceu uma linhagem de poetas que poderiam ser denominados de poetas metafísicos, e dos quais, num estudo crítico das obras de Cowley, não será despropositado dar notícia[2].

No mesmo texto, tentando definir as características do grupo, assinalava Johnson, entre outros "defeitos", que "os poetas metafísicos eram homens de saber, e que mostrar o seu saber era a sua única preocupação; lamentavelmente, tendo preferido exibi-lo em rimas, em vez de escreverem poesia apenas escreveram versos, mas de modulação tão imperfeita que só podiam ser considerados versos pela contagem das sílabas". Modo cortês de dizer que tais poetas, em suma, não eram propriamente poetas... Outro traço negativo dos "metafísicos", segundo os cânones johnsonianos, era, por exemplo, o *Wit* (Engenho), "considerado como uma espécie de *discór-*

---

1. T.S. Eliot, "The Metaphysical Poets" (1921), em *Selected Essays*. London, Faber & Faber, 1932.
2. Samuel Johnson, "Vida de Cowley", em *Lives of the Poets* (1778).

dia Concors, uma combinação de imagens divergentes, ou uma descoberta de parecenças ocultas em coisas aparentemente dessemelhantes". E ainda: "As ideias mais heterogêneas são emparelhadas pela força; a natureza e a ciência são objeto de pilhagens para efeito de ilustrações, comparações e alusões". E mais: "Suas tentativas foram sempre analíticas; eles quebravam cada imagem em fragmentos e não podiam representar, com seus conceitos cultivados e suas particularidades laboriosas, os espetáculos da natureza ou as cenas da vida mais do que alguém que disseca um raio de sol com um prisma é capaz de mostrar o pleno resplendor de um meio-dia de verão". "Para escrever no seu plano era ao menos necessário 1er e pensar" – concedia, enfim, Johnson. "Ao ler atentamente a obra dessa espécie de autores a mente é exercitada seja pela recordação seja pela pesquisa; ou alguma coisa já conhecida deve ser recuperada ou algo novo deve ser examinado."

A expressão "metafísica", de resto, já fora empregada antes, mais ou menos com a mesma significação, por Drummond de Hawthornden (1585-1649), que falava, numa carta, de poetas que faziam uso de "Ideias Metafísicas e Sutilezas Escolásticas"; e por Dryden, que, a propósito de Donne, dizia em 1693:

> Ele afeta fazer metafísica, não somente em suas sátiras, mas em seus versos amorosos, onde apenas a natureza deveria reinar; e aturde as mentes do belo sexo com sutis especulações filosóficas, quando deveria dirigir-se aos seus corações e deleitá-las com as doçuras do amor[3].

Como observa Jean-Jacques Denonain[4], a palavra "metafísica" não tinha nesses antigos textos o significado preciso que modernamente adquiriu. A expressão é aí usada primacialmente num sentido vago de "filosofia"; mais tarde adquirirá o sentido pejorativo de "pedante", talvez já em curso ao tempo de Jonhson, e depois ainda conotará com "irreal" ou "fantástico". Chega, assim, aos nossos dias, e tal como sucedeu com os movimentos afins – gongorismo, marinismo – ou as expressões mais genéricas daquele período – barroco, maneirismo –, como um labéu, mais do que um simples rótulo. Mas apesar da flagrante equivocidade, o termo acabou ficando, a exemplo de tantos outros, consagrados pelos usos e costumes, como nome de guerra daquele grupo em que avultam as figuras de Jonh Donne (1572-1631), George Herbert (1593-1633), Thomas Carew (1595?-1640?), John Suckling (1609-1642), Richard Crashaw (1612-1649), Andrew

---

3. John Dryden, *Discourse concerning the Original and Progress of Satire* (1693).
4. Jean-Jacques Denonain, *Thèmes et Formes de la Poésie "Métaphysique"*. Etude d'un aspect de la Littérature Anglaise au XVIIe siècle. Paris, Presses Universitaires de France, 1956.

Marvell (1621-1678), os poetas aqui traduzidos. Com uma variante, que adoto: os críticos mais exigentes, como Denonain, fazem questão de circunscrever as aspas ao adjetivo; assim, pois, poetas "metafísicos" e não "poetas metafísicos". O que, sem dúvida, constitui fórmula mais correta, que já previne, desde logo, de que se trata de metafísicos entre aspas.

Não se espante, pois, o leitor, se tantos versos ditos "metafísicos" lhe parecerem pouco metafísicos. Nem estranhe que alguns desses autores cheguem até a imprecação no argumento amoroso: "Que o diabo a leve". (Suckling). Ou que possam escrever poemas como "Elegy: Going to Bed" (Elegia: Indo para o Leito) ou "To His Coy Mistress" (À Amada Esquiva), exemplos exemplares da poesia erótica de língua inglesa, com uma meta mais propriamente física...

Mas o que determina, hoje, o nosso interesse por esses poetas? Qual a razão de sua importância e de sua modernidade?

Os textos de Dryden e Johnson já quase antecipam a resposta, na medida em que traem preconceitos denunciadores, definindo, pelo recenseamento das supostas "falhas" da poesia "metafísica", as suas qualidades. No fluxo de negativas e perplexidades de Samuel Johnson afloram, como índices-emblemas de tais preconceitos, expressões como "homens de saber", *discordia concors*", "imagens divergentes", "tentativas... analíticas", "a ciência objeto de pilhagens", "dissecação", "prisma"...

O que se condena, com esse ritual eufemístico, nos poetas "metafísicos" é, na verdade, a intervenção do pensamento, do raciocínio, ou mais ainda, da racionalidade, onde pareceria lícito usar apenas da emoção e do sentimento: condena-se em resumo, uma poesia dirigida mais ao cérebro que ao coração.

A poesia moderna conheceu acusações semelhantes, codificadas em *slogans* heterônimos: "desumanização", "hermetismo", "frieza", "cerebralismo", etc. Entre nós, ninguém mais que João Cabral de Melo Neto, antes do advento da poesia concreta, sofreu essa espécie de condenação. Os próprios companheiros cronológicos de geração o incompreenderam. Com argumentação análoga àquela com que Dryden e Johnson reprovavam os "metafísicos", disse um deles do Cabral da "Psicologia da Composição", da "Fábula de Anfion" e da "antiode":

> Ninguém poderá ver nestes escritos de Cabral o fruto de uma intuição– o vaticínio – ou a cristalização do momento emocional, porque o poema aí não nasce de uma experiência, nasce de um tema; porque é uma análise o que ele nos transmite, não uma síntese; porque, ao invés de surgir como peça inteiriça, passa, como o fio "de um novelo, que a atenção, lenta, desenrola". Assim, nascidos do raciocínio, são estes escritos – não poemas! – trechos de meditação em torno da poesia.

Essa pretendida "desumanização" nada mais vem a ser do que a tomada de consciência, por parte do poeta, em plena lucidez, de sua verdadeira função ética e social. Não há, de fato, uma recusa ao "humano", mas, contrário, uma recusa a se deixar transformar em objeto, a permitir – o poeta – que dele façam uma *juke-box* de titilações sentimentais. E, ao mesmo tempo, a busca do verdadeiramente humano na linguagem, tomada em si, como fonte de conhecimento e de apreensão da realidade. O poeta, cada vez mais, utiliza a linguagem, em lugar de ser utilizado por ela.

Donde a valorização, no presente, e a revalorização, no passado, de toda poesia onde repontem os traços dessa lúcida luta com a linguagem, em contraposição àquela poesia satisfeita, na qual a linguagem não passa de mero recipiente passivo de assentes sentimentos sentimentais.

Um "metafísico" sobre um "metafísico", Thomas Carew – o poeta que rejeita a mediocridade no amor – assim definiu a John Donne: "The Muses Garden, with Pedantique weeds / O'rspred, was purg'd by thee. The lazie seeds / Of servile imitation throwne away; / And fresh invention planted". (O Jardim das Musas, de ervas Pedantes / Recoberto, foi purificado por ti. As sementes preguiçosas / Da imitação servil lançadas fora; / E a invenção plantada.) "...the awe of thy imperious wit / Our stubborn language bends, made only fit / With her tough-thick-rib'd hoopes to gird about / Thy giant phansie, which had prov'd too stout / For their soft melting Phrases." ("... o temor do teu imperioso engenho / Dobra a nossa linguagem obstinada, capaz apenas / Com seu arcabouço de arcos rudes e espessos, de girar em torno de / Tua fantasia gigantesca, que se provou vigorosa demais / Para as suas Frases suaves e derretidas.") (*Uma Elegia sobre a Morte do Deão da Catedral de S. Paulo, o Dr. John Donne*, 1633).

A consciencialização da linguagem poética, nos "metafísicos", se dá através de características que se poderiam resumir, segundo Helen Gardner[5], em *concentração, concisão* e *conceito,* traços estilísticos que, por sinal, os identificam mais uma vez com a moderna poesia de João Cabral. E que os habilitam a alcançar "uma direta e sensível apreensão do pensamento", na fórmula eliotiana.

Um poema "metafísico", escreve H. Gardner, "é um epigrama ampliado". A primeira característica dessa poesia seria a *concentração* ("um poema "metafísico" tende a ser breve e é sempre rigorosamente urdido"). Donne definindo os Salmos: "Uma tal forma é rara e requer diligência em sua feitura, e depois de feita não pode ter nada, nenhuma sílaba extraída ou acrescida". A segunda característica seria o gosto pelos *conceitos.* "Um conceito – define ainda H. Gardner – é uma composição cuja engenhosi-

---

5. Helen Gardner, Introdução a *The Metaphysical Poets,* uma antologia por ela selecionada e editada. London, Penguin Books, 1959.

dade impressiona mais que a sua justeza, ou, pelo menos, impressiona mais imediatamente..." "O poema tem algo a dizer que o conceito explica ou algo a incitar que o conceito ajuda a seguir. Ele só pode realizar isso se é usado com uma aparência de rigor lógico, sustentando-se a analogia por um processo não diverso da superposição euclidiana de triângulos."

O elemento de *concisão* num poema "metafísico" se manifesta não propriamente no discurso, que se articula numa sequência analítica de argumentação, mas na economia da linguagem, de tal sorte que cada palavra funciona como o elo indispensável de uma urdidura, e "a forma" – como quer João Cabral – "é atingida / como a ponta do novelo / que a atenção, lenta, / desenrola, / aranha;".

Comparem-se os poemas de John Donne, talvez o maior expoente dos "metafísicos" – "O Êxtase", ou "Em Despedida: Proibindo o Pranto" – com poemas de Cabral, de teor amoroso, como "Mulher Vestida de Gaiola" ou "Estudos para uma bailadora andaluza", por exemplo. Neste último, a aproximação "engenhosa", "metafísica", entre o taconear das pernas da bailarina e a telegrafia ("a dicção em preto e branco / de sua perna polida") é desenvolvida num arrazoado que tem muitas analogias com o final de "Em Despedida: Proibindo o Pranto", onde as duas almas dos amantes apartados são comparadas a duas pernas de um compasso. As diferenças na consideração do fenômeno amoroso (os dois poemas de Donne são monumentos da concepção platônica, contrastando com o materialismo dos poemas de Cabral) não eliminam as semelhanças do processo de elaboração poética, que levam, inclusive, a não poucas coincidências (Donne: "Tua firmeza faz-me, circular, / encontrar meu final em meu começo". – Cabral: "a pura forma concluída / não se situa no final: / está no ponto de partida" ("O Ovo da Galinha").

No *ABC of Reading,* afirma Ezra Pound que Donne escreveu o único poema inglês ("O Êxtase") que pode ser comparado ao "Donna mi Prega", de Guido Cavalcanti, por sua precisão; "menos interessante do ponto de vista métrico, mas certamente não menos interessante em seu conteúdo". Anota ainda a propósito daquele poema: "Absoluta crença na existência de uma alma extra-corpórea e sua encarnação. Donne expondo uma tese em termos precisos e mesmo técnicos". "Nas melhores obras de Donne 'reencontramos' um autor verdadeiro dizendo algo que ele quer dizer e não simplesmente 'à caça de sentimentos que se ajustem ao seu vocabulário"[6].

Mas se Donne é o autor de algumas das mais belas páginas da literatura amorosa, sob uma perspectiva platônica, é capaz também de escrever

---

6. Ezra Pound, *ABC of Reading,* Norfolk, Conn., New Directions, 1951 (1ª edição, 1934). Tradução brasileira por Augusto de Campos e José Paulo Paes. *ABC da Literatura.* São Paulo, Cultrix, 1970.

poemas onde o amor espiritual se sensorializa, como nessa "Elegy: Going to Bed" (Elegia: Indo para o Leito), uma das cinco peças "excluídas" da primeira edição de seus poemas (1633), e na qual o poeta procede a um verdadeiro *strip-tease* "metafísico", que corresponde a um descascamento fenomenológico do sentimento amoroso, no qual o corpo sem vestes é equiparado à alma sem corpo ("Nudez total! Todo o prazer provém / De um corpo (como a alma sem corpo) sem / Vestes."). Aliás, mesmo no fim de "O Êxtase" se pode perceber, na ideia da materialização das almas ("Aos corpos finalmente retornemos," etc.) uma reconciliação de espírito e matéria que contradiz uma visão puramente platônica, e, de resto, traduz metaforicamente a dialética do próprio procedimento "metafísico": essa ânsia de perseguir a emoção abstrata em termos de *coisas,* essa *coisificação* dos conceitos através dos sentidos.

A fantasia imaginativa dos "metafísicos" pode chegar a incríveis descobertas e até à proeza de poetizar aquilo que é aparentemente impoetizável. Uma pulga, por exemplo. "The Flea" (A Pulga), curioso circunlóquio amoroso de John Donne, é também um notável exemplo de *wit*, com sua técnica de argumentar menos com a lógica do que com a agudeza dos conceitos e sua tentativa de convencer mais pela originalidade do que pela coerência do pensamento.

"Meu amor *vegetal* crescendo vasto", diz Andrew Marvell, em seu poema "À Amada Esquiva", coisificando e condensando numa metáfora direta o conceito de amor no tempo e no espaço. Versando sobre um tema clássico (o *carpe diem* – desfruta o dia; a incitação ao amor, ante a consideração da efemeridade da juventude e da própria vida), este poema rejuvenesce-o com um novo desenvolvimento e inéditas reverberações. Eliot, que em *The Waste Land* adaptou duas linhas do poema de Marvell ("But at my back I always hear / Time's winged chariot hurrying near" – Mas ao meu dorso eu ouço o alado / Carro do Tempo, perto, perto), chama a atenção para "a alta velocidade, a sucessão de imagens concentradas, cada uma ampliando a fantasia inicial" do poema; para o impacto de surpresa daquelas duas linhas trágicas; e para o engenho com que é construído o jogo de intensidades emotivas do poema, no "crescendo e diminuendo de uma escala de grande poder imaginativo" ("Andrew Marvell", em *Selected Essays).*

Já em "A Definição do Amor", numa pauta mais tipicamente "metafísica", Marvell se aproxima do John Donne de "Em Despedida: Proibindo o Pranto": através de imprevistas metáforas, em que são convocadas figuras geométricas e imagens do cosmos, consegue chegar a uma equação precisa e concisa na definição de um amor impossível.

De todos os "metafísicos" é Richard Crashaw o que maiores afinidades tem com o barroco espanhol ou italiano. Wylie Sypher (*The Metaphysicals and the Baroque*) compara-o com justeza a Bernini, o grande arquiteto e escultor do estilo barroco na Itália. Crashaw, em cuja obra a tradução se entremeia com a criação original, traduziu Marino (o primeiro canto de "Strage degli Innocenti"), muitos epigramas latinos, e tem uma extraordinária interpretação "metafísica" do "Vivamus, mea Lesbia", de Catulo, como se pode entrever por estas linhas: "Brightest *Sol* that dies today / Lives again as blithe tomorrow, / But if we dark sons of sorrow / Set; o then how long a Night / Shuts the Eyes of our short light!", etc. O poema "Wishes to his (supposed) Mistress" (Desejos a sua (suposta) Amada), consegue combinar, até o limite do possível, ornamento e precisão, fantasia e realidade, o útil e o fútil, na descrição "metafísica" da simplicidade através da complexidade. As técnicas epigramáticas, que Crashaw tão bem exercitava em suas traduções, são aplicadas na composição de cada uma das estrofes que constroem o edifício barroco desse poema, que é também uma peça de grande brilho artesanal, com suas tríplices rimas e suas fiorituras sonoras.

George Herbert, que com Crashaw compartilha uma intensa experiência religiosa, tem dois notáveis poemas figurados – "Easter Wings" (Asas da Páscoa) e "The Altar" (O Altar) – na tradição do grego Símias de Rodes, reavivada nas letras inglesas em *The Art of English Poesie,* de George Puttenham (1589). Como explica Charles Boultenhouse ("Poems in the Forms of Things", em *Art News Annual,* XXVIII, 1959), Puttenham admitia três espécies de proporção em poesia: a aritmética, a geométrica e a musical. Pela proporção geométrica ele queria significar, especificamente, o verso figurado. Puttenham entendia as formas emprestadas à geometria como equivalentes das ideias platônicas e das essências numéricas de Pitágoras. Segundo observa Boultenhouse, tais formas nunca se tornaram parte efetiva da tradição inglesa, embora possam ter influenciado o desenvolvimento das formas estróficas; tiveram contudo inesperado renascimento no poema "Vision and Prayer" (Visão e Oração), de Dylan Thomas. E, poderíamos acrescentar agora, definitiva continuidade e expansão nos experimentos da jovem poesia concreta e cinética inglesa. Em "O Altar" e em "Asas de Páscoa" os temas religiosos de George Herbert buscam uma confirmação no desenho tipográfico, obtido através da diferenciação da estrutura rítmica, que corresponde, na tradução, a uma dupla sequência de versos com padrões métricos em esquemas decrescentes e crescentes. Esse processo fisiognômico (fase primária do isomorfismo entre fundo e forma) apresenta, sem dúvida, um interesse histórico na evolução formal que chegou, em nossos dias, à poesia concreta, embora Herbert não ofereça o mesmo interesse que os demais "metafísicos" no que respeita aos temas e ao tratamento da linguagem. Renovadores da sensibilidade, quer no domínio da linguagem quer no da estrutura poemática, os "metafísicos" ingleses, integrados no quadro mais amplo do barroco, ao lado de Gôngora e Marino, esperaram durante longo tempo por uma reabilitação que afinal conseguiram, ainda que com alguns séculos de atraso. Na expectativa de semelhante redenção encontra-se, em nossa língua, todo o Barroco Português[7] e, entre nós, particularmente, o grande Gregório de Matos.

Se Gôngora, no dizer de Garcia Lorca, estava "só, como um leproso cheio de chagas de fria luz de prata, com o ramo novíssimo nas mãos à espera de que as novas gerações recolhessem sua herança objetiva e seu sentido da metáfora"[8], Gregório de Matos continua a esperar que as gerações mais novas arranquem a máscara de ferro dos "sonetos de piedade e arrependimento" que, em nome do "humano" e do decoro, lhe afivelaram à genial boca do inferno. Para que desta possa jorrar, em toda a plenitude, o mel e o fel de suas sátiras e eróticas, a gargalhada em carne viva acorrentada na garganta barroca[9].

    7. Os 5 volumes da *Fênix Renascida,* por exemplo, não foram até agora reeditados para possibilitar um reexame do seu conteúdo. A respeito do Barroco Português lembre-se o que escreve José Ares Montes em *Gôngora y la Poesia Portuguesa del Siglo XVII* (Madri, Editorial Gredos, 1956): "O Gongorismo português é, apesar da servidão gongorina, ou melhor dizendo, graças a ela, uma das mais ricas e interessantes contribuições da literatura lusitana; querer ignorá-lo por preconceito de escola, ou de qualquer outro tipo, é voltar as costas à realidade e menosprezar alguns dos mais belos poemas de toda a poesia portuguesa". P.S., *1968:* Já se pode registrar hoje o aparecimento da antologia *Apresentação da Poesia Barroca Portuguesa,* de S. Spina e M.A. Santili, FFCL de Assis, Est. São Paulo, 1967.
    8. Garcia Lorca, *Conferências,* em *Obras Completas,* vol. VIII, Buenos Aires, Editorial Losada, 1957, p. 115-144.
    9. *Nota para esta edição* – Coube a James Amado, com sua edição de 1969, como já ressaltei mais de uma vez, libertar a poesia amordaçada de Gregório de Matos.

John Donne, 1616

JOHN DONNE (1572-1631)

THE EXTASIE

Where, like a pillow on a bed,
    A Pregnant bank swel'd up, to rest
The violets reclining head,
    Sat we two, one anothers best

Our hands were firmly cimented
    With a fast balme, which thence did spring,
Our eye-beames twisted, and did thred
    Our eyes, upon one double string;

So to'entergraft our hands, as yet
    Was all the meanes to make us one.
And pictures in our eyes to get
    Was all our propagation.

As 'twixt two equall Armies, Fate
    Suspends uncertaine victorie,
Our soules, (which to advance their state,
    Were gone out,) hung 'twixt her, and mee.

And whil'st our soules negotiate there,
    Wee like sepulchrall statues lay;
All day, the same our postures were.
    And wee said nothing, al the day.

If any, so by love refin'd,
    That he soules language understood.
And by good love were growen all minde,
    Within convenient distance stood,

JOHN DONNE (1572-1631)

O ÊXTASE

Onde, qual almofada sobre o leito,
    Grávida areia inchou para apoiar
A inclinada cabeça da violeta,
    Nós nos sentamos, olhar contra olhar.

Nossas mãos duramente cimentadas
    No firme bálsamo que delas vem,
Nossas vistas trançadas e tecendo
    Os olhos em um duplo filamento;

Enxertar mão em mão é até agora
    Nossa única forma de atadura
E modelar nos olhos as figuras
    A nossa única propagação.

Como entre dois Exércitos iguais,
    Na incerteza, o Acaso se suspende,
Nossas almas (dos corpos apartadas
    Por antecipação) entre ambos pendem.

E enquanto alma com alma negocia,
    Estátuas sepulcrais ali quedamos
Todo o dia na mesma posição,
    Sem mínima palavra, todo o dia.

Se alguém – pelo amor tão refinado
    Que entendesse das almas a linguagem,
E por virtude desse amor tornado
    Só pensamento – a elas se chegasse,

He (though he knew not which soule spake,
   Because both meant, both spake the same)
Might thence a new concoction take,
   And part farre purer than he came.

This Extasie doth unperplex
   (We said) and tell us what we love,
Wee see by this, it was not sexe,
   Wee see, we saw not what did move:

But as all severall soules containe
   Mixture of things, they know not what,
Love, these mixt soules, doth mixe againe,
   And makes both one, each this and that.

A single violet transplant,
   The strength, the colour, and the size,
(All which before was poore, and scant,)
   Redoubles still, and multiplies.

When love, with one another so
   Interinanimates two soules,
That abler soule, which thence doth flow,
   Defects of lonelinesse controules.

Wee then, who are this new soule, know,
   Of what we are compos'd, and made,
For, th'Atomis of which we grow,
   Are soules, whom no change can invade.

Pudera (sem saber que alma falava,
    Pois ambas eram uma só palavra)
Nova sublimação tomar do instante
    E retornar mais puro do que antes.

Nosso Êxtase – dizemos – nos dá nexo
    E nos mostra do amor o objetivo,
Vemos agora que não foi o sexo,
    Vemos que não soubemos o motivo,

Mas que assim como as almas são misturas
    Ignoradas, o amor reamalgama
A misturada alma de quem ama,
    Compondo duas numa e uma em duas.

Transplanta a violeta solitária:
    A força, a cor, a forma, tudo o que era
Até aqui degenerado e raro
    Ora se multiplica e regenera.

Pois quando o amor assim uma na outra
    Interinanimou duas almas,
A alma melhor que dessas duas brota
    À magra solidão derrota.

E nós, que somos essa alma jovem,
    Nossa composição já conhecemos
Por isto: os Átomos de que nascemos
    São almas que não mais se movem.

But O alas, so long, so farre
  Our bodies why doe wee forbeare?
They are ours, though they are not wee, Wee are
  The intelligences, they the spheare.

We owe them thankes, because they thus,
  Did us, to us, at first convay,
Yeelded their forces, sense, to us,
  Nor are drosse to us, but allay.

On man heavens influence workes not so,
  But that if first knprints the ayre.
Soe soule into the soule may flow,
  Though it to body first repaire.

As our blood labours to beget
  Spirits, as like soules as it can,
Because such fingers need to knit
  That subtile knot, which makes us man.

So must pure lovers soules descend
  T'affections, and to faculties,
Which sense may reach and apprehend,
  Else a great Prince in prison lies.

To'our bodies turne wee then, that so
  Weake men on love reveal'd may looke;
Loves mysteries in soules doe grow.
  But yet the body is his booke.

Mas que distância e distração as nossas!
    Aos corpos não convém fazermos guerra:
Não sendo nós, são nossos, Nós as
    Inteligências, eles a esfera.

Ao contrário, devemos ser-lhes gratas
    Por nos (a nós) haverem atraído,
Emprestando-nos forças e sentidos:
    Escória, não, mas liga que nos ata.

A influência dos céus em nós atua
    Só depois de se ter impresso no ar.
Também é lei de amor que alma não flua
    Em alma sem os corpos transpassar.

Como o sangue trabalha para dar
    Espíritos, que às almas são conformes,
Pois tais dedos carecem de apertar
    Esse invisível nó que nos faz homens,

Assim as almas dos amantes devem
    Descer às afeições e às faculdades
Que os sentidos atingem e percebem,
    Ou um Príncipe jaz aprisionado.

Aos corpos, finalmente, retornemos,
    Descortinando o amor a toda a gente;
Os mistérios do amor, a alma os sente,
    Porém o corpo é as páginas que lemos.

And if some lover, such as wee,
    Have heard this dialogue of one,
Let him still marke us, he shall see
    Small change, when we'are to bodies gone.

Se alguém – amante como nós – tiver
    Esse diálogo a um ouvido a ambos,
Que observe ainda e não verá qualquer
    Mudança quando aos corpos nos mudamos.

A VALEDICTION: FORBIDDING MOURNING

As virtuous men passe mildly away
    And whisper to their soules, to goe,
Whilst some of their sad friends doe say,
    The breath goes now, and some say, no:

So let us melt, and make no noise,
    No teare-floods, nor sight-tempests move,
T'were prophanation of our joyes
    To telle the layetie our love.

Moving of th'earth brings harmes and feares,
    Men reckon what it did and meant,
But trepidation of the spheares,
    Though greater farre, is innocent.

Dull sublunary lovers love
    (Whose soule is sense) cannot admit
Absence, because it doth remove
    Those things which elemented it.

But we by a love, so much refin'd
    That our selves know not what it is,
inter-assured of the mind,
    Care lesse, eyes, lips, and hands to misse.

Our two soules therefore, which are one,
    Though I must goe, endure not yet
A breach, but an expansion,
    Like gold to ayery thinnesse beate.

EM DESPEDIDA: PROIBINDO O PRANTO

Como esses santos homens que se apagam
    Sussurrando aos espíritos: "Que vão...",
Enquanto alguns dos amigos amargos
    Dizem: "Ainda respira." E outros: "Não." –

Nos dissolvamos sem fazer ruído,
    Sem tempestades de ais, sem rios de pranto,
Fora profanação nossa ao ouvido
    Dos leigos descerrar todo este encanto.

O terremoto traz terror e morte
    E o que ele faz expõe a toda a gente,
Mas a trepidação do Armamento,
    Embora ainda maior, é inocente.

O amor desses amantes sublunares
    (Cuja alma é só sentidos) não resiste
A ausência, que transforma em singulares
    Os elementos em que ele consiste.

Mas a nós (por uma afeição tão alta,
    Que nem sabemos do que seja feita,
Interassegurado o pensamento)
    Mãos, olhos, lábios não nos fazem falta.

As duas almas, que são uma só,
    Embora eu deva ir, não sofrerão
Um rompimento, mas uma expansão,
    Como ouro reduzido a aéreo pó.

If they be two, they are two so
 As stiffe twin compasses are two,
Thy soule the fixt foot, makes no show
 To move, but doth, if th'other doe.

And though it in the center sit,
 Yet when the other far doth rome,
It leanes, and hearkens after it,
 And growes erect, as that cornes home.

Such wilt thou be to mee, who must
 Like th'other foot, obliquely runne;
Thy firmnes makes my circle just,
 And makes me end, where I begunne.

Se são duas, o são similarmente
   Às duas duras pernas do compasso:
Tua alma é a perna fixa, em aparente
   Inércia, mas se move a cada passo

Da outra, e se no centro quieta jaz,
   Quando se distancia aquela, essa
Se inclina atentamente e vai-lhe atrás,
   E se endireita quando ela regressa.

Assim serás para mim que pareço
   Como a outra perna obliquamente andar.
Tua firmeza faz-me, circular,
   Encontrar meu final em meu começo.

ELEGIE: GOING TO BED

Come, Madam, come, all rest my powers defie,
Until I labour, I in labour lie.
The foe oft-times having the foe in sight,
Is tir'd with standing though they never fight.
Off with that girdle, like heavens Zone glistering,
But a far fairer world incompassing.
Unpin that spangled breastplate which you wear
That th'eyes of busie fooles may be stopt there.
 Unlace your self, for that harmonious chyme,
Tells me from you, that now 'tis your bed time.
Off with that happy busk, whom I envie,
That still can be, and still can stand so nigh.
Your gowne's going off, such beautious State reveals,
As when from flowry meads th'hills shadow steales.
Off with you wyerie Coronet and shew
The haiery Diademe which on you doth grow:
Off with those shooes, and then safely tread
In this loves hallow'd temple, this soft bed.
In such white robes, heaven's Angels us'd to be
Receav'd by men; Thou Angel bringst with thee
A heaven like Mahomets Paradise; and though
Ill spirits walk in white, we easily know,
By this these Angels form an evil sprite,
They set our hairs, but these the flesh upright.
      License my roaving hands, and let them go,
   Behind, before, above, between, below.
O my America! my new-found-land,
My kingdome, safeliest when with one man man'd,
My Myne of precious stones, My Emperie,

ELEGIA: INDO PARA O LEITO

Vem, Dama, vem, que eu desafio a paz;
Até que eu lute, em luta o corpo jaz.
Como o inimigo diante do inimigo,
Canso-me de esperar se nunca brigo.
Solta esse cinto sideral que vela,
Céu cintilante, uma área ainda mais bela.
Desata esse corpete constelado,
Feito para deter o olhar ousado.
Entrega-te ao torpor que se derrama
De ti a mim, dizendo: hora da cama.
Tira o espartilho, quero descoberto
O que ele guarda, quieto, tão de perto.
O corpo que de tuas saias sai
É um campo em flor quando a sombra se esvai.
Arranca essa grinalda armada e deixa
Que cresça o diadema da madeixa.
Tira os sapatos e entra sem receio
Nesse templo de amor que é o nosso leito.
Os anjos mostram-se num branco véu
Aos homens. Tu, meu anjo, és como o céu
De Maomé. E se no branco têm contigo
Semelhança os espíritos, distingo:
O que o meu anjo branco põe não é
O cabelo mas sim a carne em pé.
    Deixa que a minha mão errante adentre
Atrás, na frente, em cima, em baixo, entre.
Minha América! Minha terra à vista,
Reino de paz, se um homem só a conquista,
Minha mina preciosa, meu Império,

How blest am I in this discovering thee!
To enter into these bonds, is to be free;
Then where my band is set, my seal shall be.
   Full nakedness! All joyes are due to thee,
As souls unbodied, bodies uncloth'd must be,
To taste whole joyes. Gems which y ou women use
Are as Atlanta's balls, cast in mens views,
That when a fools eye lighteth on a Gem,
His earthly soul may covet theirs, not them.
Like pictures, or like books gay coverings made
For lay-men, are all women thus array'd;
Themselves are mystick books, which onely wee
(Whom their imputed grace will dignifie)
Must see reveal'd. Then since that I may know;
As liberally, as to a Midwife, shew
Thy self: cast all, yea, this white lynnen hence,
Here is no pennance, much less innocence.
   To teach thee, I am naked first: why then
Why needst thou have more covering than a man.

Feliz de quem penetre o teu mistério!
Liberto-me ficando teu escravo;
Onde cai minha mão, meu selo gravo.
    Nudez total! Todo o prazer provém
De um corpo (como a alma sem corpo) sem
Vestes. As joias que a mulher ostenta
São como as bolas de ouro de Atalanta:
O olho do tolo que uma gema inflama
Ilude-se com ela e perde a dama.
Como encadernação vistosa, feita
Para iletrados, a mulher se enfeita;
Mas ela é um livro místico e somente
A alguns (a que tal graça se consente)
É dado lê-la. Eu sou um que sabe;
Como se diante da parteira, abre-
Te: atira, sim, o linho branco fora,
Nem penitência nem decência agora.
    Para ensinar-te eu me desnudo antes:
A coberta de um homem te é bastante.

THE FLEA

Marke but this flea, and marke in this,
How little that which thou deny'st me is;
It suck'd me first, and now sucks thee,
And in this flea, our two bloods mingled bee;
Thou know'st that this cannot be said
A sinne, nor shame, nor fosse of maidenhead,
    Yet this enjoyes before it wooe,
        And pamper'd swells with one blood made of two,
    And this, alas, is more than wee would doe.

Oh stay, three lives in one flea spare,
Where wee almost, yea more than maryed are.
This flea is you and I, and this
Our mariage bed, and mariage temple is;
Though parents grudge, and you, w'are met,
And cloysterd in thèse living walls of Jet.
    Though use make you apt to kill mee,
    Let not to that, selfe murder added bee,
    And sacrilege, three sinnes in killing three.

Cruell and sodaine, hast thou since
Purpled thy naile, in blood of innocence?
Wherein could this flea guilty bee,
Except in that drop which it suckt from thee?
Yet thou triumph'st, and saist that thou
Find'st not thy selfe, nor mee the weaker now;
    'Tis true, then learne how false, feares bee;
    Just so much honor, when thou yeeld'st to mee,
    Will wast, as this flea's death tooke life from thee.

A PULGA

Repara nesta pulga e apreende bem
Quão pouco é o que me negas com desdém.
Ela sugou-me a mim e a ti depois,
Mesclando assim o sangue de nós dois.
E é certo que ninguém a isto alude
Como pecado ou perda de virtude.
   Mas ela goza sem ter cortejado
   E incha de um sangue em dois revigorado:
   É mais do que teríamos logrado.

Poupa três vidas nesta que é capaz
De nos fazer casados, quase ou mais.
A pulga somos nós e este é o teu Leito de núpcias.
Ela nos prendeu,
Queiras ou não e os outros contra nós,
Nos muros vivos deste Breu a sós.
   E embora possas dar-me fim, não dês:
   É suicídio e sacrilégio, três
   Pecados em três mortes de uma vez.

Mas tinges de vermelho, indiferente,
A tua unha em sangue de inocente.
Que falta cometeu a pulga incauta
Salvo a mínima gota que te falta?
E te alegras e dizes que não sentes
Nem a ti nem a mim menos potentes.
   Então, tua cautela é desmedida.
   Tanta honra hei de tomar, se concedida,
   Quanto a morte da pulga à tua vida.

GEORGE HERBERT (1593-1633)

THE ALTAR

A broken ALTAR, Lord, thy servant reares,
Made of a heart, and cemented with teares:
Whose parts are as thy hand did frame;
No workmans tool hath touch'd the fame.

    A   Heart   alone
    Is such a stone,
    As   nothing but
    Thy pow'r doth cut.
    Wherefore each part
    Of my hard heart
    Meets in this frame,
    To praise thy name.

That if I chance to hold my peace,
These stones to praise thee may not cease.
O let thy blessed SACRIFICE be mine,
And sanctifie this ALTAR to be thine.

GEORGE HERBERT (1593-1633)

O ALTAR

Um tosco ALTAR, Senhor, eu te levanto,
Feito de coração, cimentado com pranto:
As suas partes têm tua estrutura,
E não o fere ferramenta impura.

    Um   coração
    Por   tua   mão
    Cortado,   medra
    Na   dura   pedra.
    Pois cada parte
    Para   cantar-te
    Se une e cresce
    Em   pedra-prece.

E se eu alcanço paz com tal altar,
Que as pedras nunca parem de cantar:
Faz que teu SACRIFÍCIO santo seja o meu,
Santifica este altar que o poema te ergueu.

EASTER-WINGS

Lord, who createdst man in wealth and store,
Though foolishly he lost the same,
Decaying more and more,
Till he became
Most poore:
With thee
O let me rise
As larks, harmoniously,
And sing this day thy victories:
Then shall the fall further the flight in me.

My tender age in sorrow did beginne:
And still with sicknesses and shame
Thou didst so punish sinne,
That I became
Most thinne.
With thee
Let me combine
And feel this day thy victorie:
For if I imp my wing on thine,
Affliction shall advance the flight in me.

ASAS DE PÁSCOA

Senhor, que deste ao homem todo o bem da vida,
Embora ele perdesse aquele bem
Em sua descaída,
Ficando sem
Saída:
Assim
Seja meu voo
Contigo no ar sem fim,
E se este canto em teu louvor entoo
À minha queda há de vencer o voo em mim.

Desde o começo em mim a tristeza já existe,
Mas com tal dor e tanto pejo
O pecado puniste,
Que eu me vejo
Mais triste.
Assim
A dor que abrasa
Contigo voe enfim,
Pois se eu caso a minha asa à tua asa
Minha aflição há de avançar o voo em mim.

THOMAS CAREW (c. 1595-1640)

MEDIOCRITE IN LOVE REJECTED

Give me more love, or more disdaine;
    The Torrid, or the frozen Zone,
Bring equall ease unto my paine;
    The temperate affords me none:
Either extreame, of love, or hate,
is sweeter than a calm estate.

Give me a storme; if it be love,
    Like Danae in that golden showre
I swimme in pleasure; if it prove
    Disdaine, that torrent will devoure
My Vulture-hopes; and he's possest
Of Heaven, that's but from Hell releast:
    Then crowne my joyes, or cure my paine;
    Give me more love, or more disdaine.

THOMAS CAREW (c. 1595-1640)

A MEDIOCRIDADE NO AMOR REJEITADA

Ou mais amor ou mais desdém,
    A Zona Tórrida ou Gelada:
À minha dor, não lhe convém
    A morna Zona Temperada.
Calor ou gelo me alivia
Mais do que a doce calmaria.

Dá-me tormenta: se de amor,
    Tal Dânae na chuva de ouro
Nado em prazer; porém se for
    Desdém, esse jorro devoro
Com meu ardor-abutre. Quer me dês
    Céu ou Inferno, de uma vez
Cura-me o mal ou coroa-me o bem
    Com mais amor ou mais desdém.

JOHN SUCKLING (1609-1642)

SONG

Why so pale and wan fond Lover?
    Prithee why so pale?
Will, when looking well can't move her,
    Looking ill prevaile?
    Prithee why so pale?

Why so dull and mute young Sinner?
    Prithee why so mute?
Will, when speaking well can't win her,
    Saying nothing doo't?
    Prithee why so mute?

Quit, quit, for shame, this will not move,
    This will not take her;
If of her selfe she will not Love,
    Nothing can make her:
    The Devill take her.

JOHN SUCKLING (1609-1642)

CANÇÃO

Por que tão murcho e pálido, gentil amante?
   Ora, por que tão pálido?
Se para ela o teu vigor não é bastante,
   Valerá ser inválido?
   Ora, por que tão pálido?

Por que tão triste e mudo, jovem pecador?
   Ora, por que tão mudo?
Se para ela a tua fala é sem valor,
   Calar falará tudo?
   Ora, por que tão mudo?

Deixa, deixa, por Deus, esse teu ar
   Que de nada te serve.
Se por si mesma ela não sabe amar,
   Ninguém mais lhe deve:
   Que o diabo a leve.

RICHARD CRASHAW (1612-1649)

WISHES

TO HIS (SUPPOSED) MISTRESS

Whoe'er she be,
That not impossible she
That shall command my heart and me;

Where'er she lie,
Lock't up from mortal Eye,
In shady leaves of Destiny:

Till that ripe Birth
Of studied fate stand forth,
And teach her fair Steps to our Barth;

Till that Divine
Idea, take a shrine
Of Crystal flesh, through which to shine:

Meet you her my wiches,
Bespeak her to my blisses,
And be ye call'd my absent kisses.

I wish her Beauty,
That owes not all his Duty
To gaudy Tire, or glist'ring shoe-tie.

Something more than
Taffeta or Tissue can,
Or rampant feather, or rich fan.

RICHARD CRASHAW (1612-1649)

DESEJOS

À SUA (SUPOSTA) AMADA.

Não importa quem
Seja Ela – esse alguém
Não impossível que ainda vem.

Não importa onde,
Como folha na fronde
Do Acaso escuro, ela se esconde.

Até que, maduro,
Esse fruto futuro
Do vento Evento venha a furo,

Até que a Divina
Ideia arme uma fina
Urna de carne cristalina:

Ide, meus desejos,
A essa que antevejo
E sede meus ausentes beijos.

Quero Beleza
Que não seja presa
Dos artefatos da riqueza.

Quero algo mais
Que tafetás e gazes,
Plumas e leques e cristais.

More than the spoil
Of shop, or silkworm's Toii
Or a bought blush, or a set smile.

A face that's best
By its own beauty drest,
And can alone commend the rest

A face made up
Out of no other shop,
Than what nature's white band sets ope.

A cheek where Youth,
And Blood, with Pen of Truth
Write, what the Reader sweetly ru'th.

A Cheek where grows
More than a Morning Rose:
Which to no Box his being owes.

Lips where all Day
A lover's kiss may play,
Yet carry nothing thence away.

Looks that oppress
Their riebest Tires but dress
And clothe their simplest Nakedness.

Eyes, that displaces
The Neighbor Diamond, and outfaces
That Sunshine by their own sweet Graces.

Mais que lavor
De larva em seda, ou cor
Imposta ao riso e ao rubor.

Figuro um rosto
De beleza só composto,
Maestro a reger o resto.

Uma face feita
De nenhum outro enfeite
Que a Natureza, mão perfeita.

Face sem nada,
Que o Sangue e a Mocidade
Lavrem com Pena de Verdade.

Rosto onde pouse
Mais de uma Rosa,
Onde o "rouge" não ouse.

Boca onde o Beijo
Do amante sempre adeje,
Mas nada tire ou deixe.

Ar que despreze
Todo o atavio, ves-
Tido da mais pura Nudez.

Olhar que embace
O Diamante e ultrapasse
A luz do sol, de tanta Graça.

*Tresses, that wear
Jewels, but to declare
How much themselves more precious are.*

*Whose native Ray,
Can tame the wanton Day
Of Gems, that in their bright shades play.*

*Each Ruby there,
Or Pearl that dare appear,
Be its own blush, be its own Tear.*

*A well tam'd Heart,
For whose more noble smart,
Love may be long choosing a Dart.*

*Eyes, that bestow
Full quivers on love's Bow;
Yet pay less Arrows than they owe.*

*Smiles, that can warm
The blood, yet teach a charm,
That Chastity shall take no harm.*

*Blush es, that bin
The burnish of no sin,
Nor flames of aught too hot within.*

Trança onde a rara
Joia só exista para
Mostrar que aquela é a mais cara.

Tão claro Raio
Que imponha ao Dia gaio
Das Gemas pálido desmaio.

Cada Rubi
Ou Pérola é aqui
Rubor ou Lágrima de si.

Coração tardo
Por cujo sobressalto
Espere Amor com lento Dardo.

Olhar – aljava
Ou alvo para quem o veja,
Mas que recebe mais que alveja.

Riso que acende
O sangue a toda gente
Mas Castidade não ofende.

Rubor isento
De verniz de amor violento,
Sem flama de desejo dentro.

Joys, that confess,
Virtue their Mistress,
And have no other head to dress.

Fears, fond and flight,
As the coy Bride's, when Night
First does the longing lover right.

Tears, quickly fled,
And vain, as those are shed
For a dying Maidenhead.

Days, that need borrow,
No part of their good Morrow,
From a forespent night of sorrow.

Days, that in s pite
Of Darkness, by the Light
Of a clear mind are Day all Night.

Nights, sweet as they,
Mad short by lovers' play,
Yet long by th'absence of the Day.

Life, that dares send
A challenge to his end,
And when it cornes say Welcome Friend.

Sidneyan showers
Of sweet discourse, whose powers
Can Crown old Winter's head with flowers.

Prazer que diz
Ter só Virtude por matriz,
Nem tolerar outro matiz.

Temor tremor
De Noiva se abrindo em flor
Na primeira Noite de amor.

Lágrima vã
Como essa que se esvai
Por uma Virgindade que se vai.

Dia impoluto,
Sem que seu brilho seja fruto
De uma anterior noite de luto.

Dia que adia
A Treva e faz, por via
Da Ideia clara, a Noite Dia.

Noite a mais leve,
Aos jogos do amor, breve,
Mas longa, sem perder a Treva.

Vida que, rindo
Em desafio à morte, o fim do
Caminho acolha com: – Bem-vindo!

Arco-íris-esplendores
De riso cujas cores
Cubram o inverno só de flores.

Soft silken Hours,
Open suns; shady Bowers,
'Bove all; Nothing within that lowers.

Whate'er Delight
Can make Day's forehead bright;
Or give Down to the Wings of Night.

In her whole frame,
Have Nature all the Name
Art and ornament the shame.

Her flattery,
Picture and Poesy,
Her counsel her own virtue be.

I wish, her store
Of worth, may leave her poor
Of wishes; And I wish – No more.

Now if Time knows
That her whose radiant Brows,
Weave them a Garland of my vows;

Her whose Just Bays,
My future hopes can raise,
A trophy to her present praise;

Her that dares be,
What these Lines wish to see:
I seek no further, it is she.

Horas de seda,
Sóis abertos; alamedas;
E dentro nada que as exceda.

Tanto Deleite
Que a fronte do Dia enfeite
E emplume as asas da Noite.

Que em sua Forma
A Natureza ganhe a Fama,
Arte e ornamento passem Fome.

Ei-la que alia
A Pintura à Poesia,
Tendo a Virtude como guia.

Que tanto Bem
Possa deixá-la sem
Desejos; não desejo além.

Se o Tempo reconhece
Essa que em seda e cílios tece
Uma Grinalda com a minha prece.

Essa que os louros
Cobrirão no Vindouro
– Troféu de todo este Tesouro.

Essa que é bela
Como o meu Verso a anela,
Não busco mais, pois essa é ela.

*Tis she, and here
Lo I unclothe and clear,
My wishes' cloudy Character.*

*May she enjoy it,
Whose merit dare apply it,
But Modesty dares still deny it.*

*Such worth as this is,
Shall fix my flying wishes,
And determine them to kisses.*

*Let her full Glory,
My fancies, fly before ye,
Be ye my fictions; But her story.*

É Ela – eu vejo.
E aqui dispo e despejo
O Caráter de nuvem do desejo.

Que seja Luz
À que lhe ouse fazer jus,
Mas a Modéstia ainda reduz.

Nela estão presos
Meus alados Desejos
Predestinados para os Beijos.

Deixai-a em Glória –
Fantasia – ir embora.
Sede minhas Ficções, mas sua História.

ANDREW MARVELL (1621-1678)

TO HIS COY MISTRESS

Had we but World enough, and Time,
This coyness Lady were no crime.
We would sit down, and think which way
To walk, and pass our long Loves Day.
Thou by the Indian Ganges *side*
Should'st Rubies find: I by the Tide
Of Humber would complain. I would
Love y ou ten years before the Flood:
And you should if you please refuse
Till the Conversion of the Jews.
My vegetable Love should grow
Vaster than Empires, and more slow.
An hundred years should go to praise
Thine Eyes, ànd on thy Forehead Gaze.
Two hundred to adore each Breast:
But thirty thousand to the rest.
An Age at least to every part,
And the last Age should show your Heart.
For Lady you deserve this State;
Nor would I love at lower rate.

ANDREW MARVELL (1621-1678)

À AMADA ESQUIVA

Dessem-nos Tempo e Espaço afora
Não fora crime essa esquivez, Senhora.
Sentar-nos-íamos tranquilos
A figurar de modos mil os
Nossos Dias de Amor. Eu com as águas
Do Humber choraria minhas mágoas;
Tu podias colher Rubis à margem
Do Ganges. Que eu me declarasse
Dez anos antes do Dilúvio! Teus
Nãos voltar-me-iam a face
Até a Conversão dos Judeus.
Meu Amor vegetal crescendo vasto,
Mais vasto que os Impérios, e mais lento,
Mil anos para contemplar-te a Testa
E os Olhos levaria. Mais duzentos
Para adorar cada Peito,
E trinta mil para o resto.
Um Século para cada parte,
O último para o Coração tomar-te.
Pois, Dama, vales tudo o que ofereço,
Nem te amaria por mais baixo preço.

    But at my back I alwaies hear
Times winged Charriot hurrying near:
And yonder all befor us lye
Déserts of vast Eternity.
Thy Beauty shall no more be found;
Nor, in thy marble Vault, shall sound
My ecchoing Song: then Worms shall try
That long preserv'd Virginity:
And your quaint Honour turn to dust;
And into ashes all my Lust.
The Grave's a fine and private place,
But none I think do there embrace.
    Now therefore, while the youthful hew
Sits on thy skin like morning dew,
And while thy willing Soul transpires
At every pore with instant Fires,
Now let us sport us while we may;
And now, like am'rous birds of prey,
Rather at once our Time devour,
Than languish in his slow-chapt pow'r.
Let us roll all our Strengt h, and all
Our sweetness, up into one Ball:
And tear our Pleasures with rough strife,
Through the Iron gates of Life.
Thus, though we cannot make our Sun
Stand still, yet we will make him run.

Mas ao meu dorso eu ouço o alado
Carro do Tempo, perto, perto,
E adiante há apenas o deserto
Sem fim da Eternidade.
Tua Beleza murchará mais tarde,
Teus frios Mármores não soarão
Com ecos do meu Canto: então
Os Vermes hão de por à prova
Essa comprida Virgindade,
Tua fina Honra convertendo em pó,
E em cinzas meu Desejo. A Cova
É ótimo e íntimo recanto. Só
Que aos amantes não serve de alcova.
   Agora, enquanto pousa a cor
Da juventude em ti como na flor
O orvalho, enquanto por
Todo poro teu a Alma transpira
Com urgentes Fogos,
Entreguemo-nos aos jogos
Do amor e, amantes aves de rapina,
Antes de um golpe devoremos nosso Tempo
Que enlangueçamos em seu lento
Queixo. Enrolemos nosso alento
E suavidade numa só Esfera.
E rasguemos Prazeres como feras
Pelos portões férreos da Vida.
Assim, se não sustamos nosso Sol,
Ao menos o incitamos à corrida.

THE DEFINITION OF LOVE

*My Love is of a birth as rare
As 'tis for object strange and high:
It was begotten by despair
Upon Impossibility.*

*Magnanimous Despair alone
Could show me so divine a thing,
Where feeble Hope could ne'r have flown
But vainly flapt its Tinsel Wing.*

*And yet I quickly might arrive
Where my extended Soul is fixt,
But Fate does Iron wedges drive,
And alwaies crouds it self betwixt.*

*For Fate with jealous Eye does see
Two perfect Loves; nor lets them close:
Their union would her ruine be,
And her Tyrannick pow'r dépose.*

*And therefore her Decrees of Steel
Us as the distant Poles have plac'd,
(Though Loves whole World on us doth wheel)
Not by themselves to be embrac'd.*

*Unless the giddy Heaven fall,
And Earth some new Convulsion tear;
And, us to join, the World should all
Be cramp'd into a Planisphere.*

A DEFINIÇÃO DO AMOR

O meu Amor nasceu tão raro
Como de alta qualidade:
Gerado pelo desespero
Sobre uma Impossibilidade.

Só o Desespero pôde um dia
Mostrar-me tão divino céu,
Que a Esperança vã adia
Com sua Asa de Ouropel.

Eu poderia chegar lá
Onde a minha Alma se perdeu
Se não pusesse a Sorte má
Cunhas de Ferro entre ela e eu.

É que a invejosa Sorte ao ver
Amantes tão perfeitos teme
Depor ante um mais alto leme
O seu Tirânico poder.

Por isso seu Decreto de Aço
Como dois Pólos nos fez sós
(Embora o Amor como um compasso
Circunde o mundo todo em nós),

A menos que o Céu oco caia,
A Terra perca o seu Império
E o Globo inteiro se contraia
Para nós dois em Planisfério.

*As Lines so Loves oblique may well
Themselves in every Angle greet:
But ours so truly Paralel,
Though infinite can never meet.*

*Therefore the Love which us doth bind
But Fate so enviously debarrs,
Is the Conjunction of the Mind,
And Opposition of the Stars.*

Devíamos ser como aquelas
Linhas oblíquas num abraço,
Mas somos estas Paralelas
Infinitas no espaço.

Assim, o Amor que nos faz sê-las
E a Sorte aparta injustamente
É a Conjunção da nossa Mente
E a Oposição das Estrelas.

A Rosa Doente

Ó Rosa, estás doente! Um verme pela treva / Ao velado veludo / Do fundo do teu centro: / Seu escuro amor mudo / Te rói / desde dentro. / Vai invisívelmente / O vento que uiva o leva

William Blake
Augusto de Campos

A ROSA DE MARINO

Embora beneficiado pelo surto de revalorização do Barroco, que, a partir de Wölfflin, incorporando uma nova visão crítica, se espalhou por todas as latitudes, o *Cavalier* Giambattista Marino não teve a mesma fortuna de Góngora e dos poetas "metafísicos". Lembrava-o, ainda há pouco, Garcia Morejón, ao mencionar a opinião de Otto Maria Carpeaux, que, reconhecendo em Marino qualidades de "grande artista", se nega, porém, a vê-lo como um "grande poeta", e chega a afirmar: "submetido a julgamento estético, Marino não pode ser reabilitado, assim como foram reabilitados Góngora e Donne"[1].

O próprio Giuseppe Guido Ferrero, responsável por uma inteligente e compreensiva antologia dos poetas barrocos italianos, a despeito da importância que concede à poesia de Marino e seus seguidores, não deixa de assinalar em sua "revolução literária" um defeito de *impegno,* mais que de *ingegno,* que teria feito com que a idade barroca italiana não lograsse produzir nenhum grande poeta, "sequer um autêntico espírito poético que soubesse idear e compor algumas coisas cabalmente belas: como foi, por exemplo, na Espanha daquela época, Góngora"[2].

A classificação de Marino como um "grande" poeta pode ser aceita ou contestada segundo critérios mais ou menos subjetivos; mas não creio que qualquer disputa em torno dessa espécie de qualificação tenha maior sentido para um estudo objetivo das transformações operadas na linguagem

---

1. Júlio Garcia Morejón, *Coordenadas do Barroco,* Instituto de Cultura Hispânica de S. Paulo, U.S.P., 1965; O.M. Carpeaux. *História da Literatura Ocidental.* Rio de Janeiro, Ed. O Cruzeiro, 1960, vol. II.
2. Giuseppe Guido Ferrero, *Marino e i Marinisti,* Milão-Napoli, Riccardo Ricciardi Editore, 1954.

poética na era do Barroco. Visto dessa angulação, Marino pode reivindicar, com igual direito, lugar entre os "inventores" da poesia barroca, ao lado de Góngora ou de Donne, e com uma contribuição diversa e específica. Assim o viu, por exemplo, Gustav René Hocke, que lhe deu um lugar de destaque em sua história do Maneirismo literário *(Manierismus in der Literatur)*, batizando-o de "O Paganini da Urica Italiana", pelo virtuosismo de sua poesia, pela extraordinária musicalidade de sua estética, talvez apenas igualada na poesia inglesa do momento por um grande discípulo, o "metafísico" Richard Crashaw, para o qual – numa antecipação do lema "Musique avant toute chose" dos simbolistas – "All things that are... are musical"[3].

Qual é afinal a contribuição do poeta italiano que Hocke considera "o vanguardista europeu *par excellence* daquele tempo", situando-o cronologicamente entre alguns dos maiores mestres da época (Góngora: 1561-1627; Shakespeare: 1564-1616; Marino: 1569-1625; Donne: 1572-1631)? Sua poesia não tem a mesma densidade e concentração metafórica da de Góngora, nem a mesma profundidade existencial da de Donne e nem a sobre-humana versatilidade humanística da lírica shakespeariana. Há um Shakespeare que se aparenta com Marino – o dos trocadilhos, paronomásias e aliterações de *Love's Labour's Lost*, por exemplo: "Yet still she is the moon, and I the man"; o "mellifluous & hony-tongued Shakespeare" dos primeiros versos, onde encontramos, inclusive, um *Venus & Adonis* (1593), precursor do mais famoso dos poemas de Marino, o *Adone*, concebido nos últimos anos do século XVI e completado no seguinte, mas somente impresso em 1623. Marino é música. A comparação com Paganini – ainda que possa associar um conceito depreciativo de virtuosismo superficial – soa pertinente a um poeta que, na *persona* de um pastor, desafia o canto dos pássaros ("O che tu non farai questa ch'io faccio, / o ch'io vinto ti cedo e'l legno spezzo."); imita sons inimitáveis com seu alaúde ("inimitabilmente i moti imita") e sai vencedor do torneio, depois de ter experimentado em seu instrumento os últimos toques do mais difícil tom ("dei più difficil tuon gli ultimi tasti").

Mas além de contribuir com seu agudo senso musical, Marino colabora – como ressalta G. G. Ferrero – para devolver à poesia a sua índole sintética, voltando à tradição do epigrama (mesmo os poemas extensos como o *Adone* podem ser considerados, estilisticamente, como uma série de epigramas "continuados"), e, em especial, à tradição do epigrama erótico. Franqueiam-se, ao mesmo tempo, através de suas produções, caminhos pouco palmilhados pela poesia italiana do século precedente: toda uma nota temática "realístico-jocosa", que incorpora o "culto do feio", o louvor da mulher deformada ou sofredora, se desata e se liberta nas rimas

---

3. Gustav René Hocke, *Manierismus in der Literatur*. Hamburg, Rowohlt, 1959. Trad. bras.: Maneirismo na Literatura, São Paulo, Perspectiva, 2011.

de Marino e dos marinistàs. Ruídos de animais entram na composição da "Fischiata" (Assoada) XLVII, de Marino, contra o rival Murtola: "La pecora balando fà bè bu," etc. Nasce uma exótica e atrevida galeria feminina. Louva-se a mendiga e a epiléptica: "La Bellissima Mendica", "La Bellissima Spiritata", de Achillini. Canta-se a tartamuda – "La Bella Tartagliante" (no estilo do "Gago Apaixonado" de Noel Rosa), de Paolo Abriani; "La Bella Balbuziente", de Scipione Errico – e a bela velha: "La Bella Vecchia", de Giuseppe Salomoni. E até, com requintes de pré-sadismo, a prostituta açoitada: "La cortigiana frustata", do curioso poeta A. G. Brignole-Sale (e não Sade), que depois da morte da esposa se fez jesuíta e mestre em autoflagelações, e cuja vida estranha mereceria, segundo Mario Praz, uma biografia romanceada[4]. Temas e termos técnicos ou científicos passam a intervir no poema (o relógio de sol, a clepsidra, a lente, o arcabuz, a carta geográfica, a astronomia). Magnífico, nesse sentido, pela precisão descritiva, o episódio do jogo de xadrez ("Sessantaquatro case in forma quadra..."), no Canto XV, do *Adone*.

Outro aspecto importante, e bem pessoal, da poesia de Marino, é o seu decidido "sensualismo pan-erótico", tido por muito tempo como uma falta, mas que, na verdade, é um toque revolucionário de que carece grande parte da poesia da época, dilacerada em suas contradições, no claro-escuro de misticismo e sensualismo que permeia todo o Barroco. Aqui, Marino se move com desenvoltura, ajudando a dessa-cralizar a poesia dos mitos de "dignidade" e de "seriedade" de que a revestiu a ascèse medieval, e impedindo que a Europa caísse num "farisaísmo pseudomoralizante",na expressão de Hocke. "Lunge, deh lunge, aime severe e schive, / de la mia molle e lusinghiera musa. / Da poésie si tenere e lascive / incorrotá onestà vadane esclusa.", adverte o poeta, no *Adone,* ao chegar à Quinta Porta do Jardim do Prazer, onde se animam de amor até os seres inanimados: "Le piètre istesse e l'ombre di quel loco / spirano spirti d'amoroso foco".

Não é de estranhar que Marino, honrado por soberanos e triunfalmente celebrado ainda em vida, tenha levado uma existência agitada e rebelde (três vezes encarcerado... agredido a tiros pelo rival, Murtola, em plena via pública...). Rebeldia semelhante demonstra o seu comportamento artístico. Numa carta ao poeta Gierolamo Preti (1624), escrevia Marino, a propósito da comparação feita pelo primeiro entre o *Adone* e *di Jerusalém Libertada* de Torquato Tasso: "Você o intitula (ao *Adone)* 'poema fantástico e fora das regras' e diz que não pode caber a comparação, porque seria o mesmo que pretender assemelhar a *Eneida* às *Metamorfoses*. Logo, segundo você, necessariamente se segue que as *Metamorfoses* sejam um

---

4. Mario Praz, *The Romantic Agony*, London, Oxford University Press, 1951.

poema desregrado e fantástico; nem lhe ocorre aquilo que deixaram escrito muitos dos que desta arte têm tratado, isto é, que se pode fabricar poema não só de uma ação de uma pessoa e de uma ação de muitas pessoas, mas também de muitas ações de muitas pessoas, ainda que assim não será tão perfeito, consoante o pensamento de Aristóteles. Falo das *Metamorfoses* (bem entendido) e não do *Adone,* porque o *Adone* não é ação de muitas pessoas mas de uma só; e falo quanto à parte da disposição, porque no que tange a arte, ou seja a invenção, o costume, a sentença, a elocução, não creio que Virgílio esteja muito acima de Ovídio, nem que o poema das *Transformações* haja que ceder lugar ao da *Eneida".* E mais adiante: "Eu pretendo saber as regras mais do que o sabem todos os pedantes juntos; mas a verdadeira regra, meu caro, é saber romper as regras em tempo e lugar, ajustando-se ao costume corrente e ao gosto do século".

É significativa a invocação das *Metamorfoses* (em oposição à *Eneida),* como estrutura aparentemente caótica, "aberta", muito embora, como observa o próprio Marino, seu poema cuide fundamentalmente da ação de um personagem (Adonis) e não de pluriações de pluripersonagens. Só ela já define uma atitude e uma empostação estética. Além das numerosas alusões à mitologia greco-latina "via" Ovídio, pode-se observar na estrutura do *Adone* alguma influência das *Metamorfoses,* particularmente na fragmentação narrativa das cenas do "palco giratório" (estrofes 120-151 do Canto V), em que o poeta "vari teatri in un teatro spiega".

Mas não é por esse aspecto estrutural que se positiva a "revolução" de Marino. Antes, seria justo reconhecer que a supervalorização do detalhe e da metáfora concorre mais para amortecer do que para acentuar a dinamicidade narrativa de um longo poema como é o *Adone.* O elemento dinâmico se concentra mais na microestética do vocábulo, na invenção sonorística, nos trocadilhos e aliterações, "tendência comum no século XVI e levada ao seu clímax por Marino", segundo Mario Praz[5]. Aí, o princípio da metamorfose atua em sua plenitude, transfigurando semanticamente a realidade, fazendo do rouxinol *átomo sonante, voce pennuta, suon volante,* da dança uma *geometria maravigliosa,* do acrobata (o poeta?) um herói de labirinto que passeia sobre cordas aéreas, "qual Dedalo novel da torre a torre". O percurso de Adônis no Jardim do Prazer, através das cinco portas dos sentidos, numa conjunção de fantasia e ciência anatômica, nos leva a uma verdadeira fenomenologia do Barroco e da poesia como instrumento sensível de apreensão da realidade. Não só a metáfora é remanipulada, mas todo um arsenal sonoro é posto em ação poética. Assim, por exemplo, Narciso, nas mãos de Marino, sofre nova metamorfose: vira um "vaneggiante

---

5. Mario Praz, *The Flaming Heart.* New York, Doubleday Anchor Books, 1958.

e vago / vagheggiator de la sua vana imago", que "suo rival su la riva apella il rivo". A rosa se transforma em "riso", em "porpora de' giardin, pompa de' prati", "gemma di primavera", "occhio d'aprile", e termina portadora de "un picciol sole in seno". Estas últimas metáforas – a primeira das quais, a mais ousada, "rosa-riso", é lançada diretamente, sem qualquer mediação sintática que não a fusão de formas – fazem parte das mais célebres oitavas do *Adone* (estrofes 156-160 do Canto III), tomadas por De Sanctis como paradigma da poesia barroca. A respeito do "Elogio da Rosa", como foi batizado o fragmento antológico, De Sanctis comenta: "Evidentemente, aqui não há o sentimento da natureza nem a simples impressão da rosa. Há combinações abstratas e arbitrárias do espírito, extraídas de semelhanças acidentais e externas, que adulteram e falsificam as formas naturais e criam entes monstruosos que só têm existência na imaginação"[6]. Essas "deformações", que prefiro chamar diversamente de "metamorfoses", afastando conotações pejorativas, são, no entanto, nada mais que o cerne mesmo da poesia de Marino. Sem elas não poderia o poeta elaborar a sua "estética da maravilha", onde o "elemento de Surpresa",[7] como acentua Mario Praz – ou a informação nova, original, não redundante, como se diria hoje em termos de Teoria da Informação – ganha projeção absoluta: "É dei poeta il fin la meraviglia: / Parlo dell'eccelente e non dei goffo: / Chi non sa far stupir, vada alla striglia", dizem os famosos versos-manifesto com que Marino sintetizou a sua concepção de poesia, na Fischiatta XXXIII, da "Murtoleide", série de sonetos satíricos.

Para Marino, uma flor não era uma flor, mas uma fioritura; uma rosa não era só uma rosa, era uma relação, tornada real através da linguagem. Seriam necessários alguns séculos, para que a flor, despojada de todo ornamento, voltasse a ser apenas a palavra "flor", como a quis João Cabral, retomando, talvez sem o saber, um tema medieval dos *Carmina Burana*: "fios in pictura / non est fios, immo figura: / / qui pingit florem / non pingit floris odorem". Ou para que uma rosa se metamorfoseasse apenas numa outra rosa, como no "motto" circular da radical Gertrude Stein, que Décio Pignatari popularizou entre nós, em 1956, no seu manifesto "A Nova Poesia: Concreta": "uma rosa é uma rosa é uma rosa é uma rosa".

---

6. Francisco de Sanctis, *Storia Delia Letteratura Italiana*. Milão, Universale Econômica, 1950, Vol. 5.
7. Mario Praz, *The Romantic Agony*, Oxford, 1933, p. 38: "Marino enfatizou o elemento de Surpresa, que – ele o disse – deveria ser o objetivo do poeta: ele descobriu novas esferas do inusual e do estranho, como um matemático que explora os resultados de uma série de equações, e sua meta era simplesmente aturdir a mente do leitor."

GIAMBATTISTA MARINO (1569-1625)

ELOGIO DELLA ROSA

Rosa riso d'amor, del ciel fatura,
rosa del sangue mio fatta vermiglia,
pregio del mondo e fregio di natura,
de la terra e del sol vergine figlia,
d'ogni ninfa e pastor delizia e cura,
onor de l'odorifera famiglia,
tu tien d'ogni beltà le palme prime,
sovra il vulgo de' fior donna sublime.

Quasi in bel trono imperadrice altera
siedi cola su la nativa sponda.
Turba d'aure vezzosa e lusinghiera
ti corteggia d'intorno e ti seconda;
e di guardie pungenti armata schiera
ti difende per tutto e ti circonda:
e tu, fastosa del tuo regio vanto,
porti d'or la corona e d'ostro il manto.

Porpora de' giardin, pompa de' prati,
gemma di primavera, occhio d'aprile,
di te le Grazie e gli Amoretti alati
fan ghirlanda a la chioma, al sen monile.
Tu, qualor torna a gli alimenti usati
ape leggiadra o zefiro gentile,
dai lor bère in tazza di rubini
rugiadosilicori e cristallini.

GIAMBATTISTA MARINO (1569-1625)

ELOGIO DA ROSA

Rosa riso de amor, do céu proeza,
rosa que o sangue meu tornou vermelha,
valor do mundo, lavor da natureza,
que do sol e da terra és virgem filha,
da ninfa e do pastor delícia e presa,
honra da odorífera família,
beleza entre beldades superior,
sobre o vulgo das flores dama flor.

Como rainha em trono sobranceira
sentas-te ali sobre o nativo canto.
Turba de aduladores ares beira
teu rosto para cortejar-te enquanto
de agudos guardas toda uma fileira
armada te circunda e te proteje a
ti, que faustosa em gala régia
trazes áurea coroa e rubro manto.

Purpura dos jardins, pompa dos prados,
olho de abril, da primavera gema,
de ti são graças e amores alados
ao seio os laços, à coma o diadema.
Tu, quando ao alimento apressurados
abelha leve ou zéfiros gentis
volvem, serves bebida de rubis,
cristalinos licores e orvalhados.

*Non superbisca ambizioso il sole
di trionfar fra le minori stelle,
ch'ancor tu fra i ligustri e le vìole
scopri le pompe tue superbe e belle.
Tu sei con tue bellezze uniche e sole
splendor di queste piagge, egli di quelle.
Egli nel cerchio suo, tu nel tuo stelo,
tu sole in terra, ed egli rosa in cielo.*

*E ben saran tra voi conformi voglie,
di te fia 'l sole, e tu del sole amante.
Ei de l'insegne tue, de le tue spoglie
Taurora vestirá nel suo levante;
tu spiegherai ne' cri ni e ne le foglie
la sua livrea dorata e fiammeggiante;
e per ritrarlo ed imitarlo a pieno
porterai sempre um picciol sole in seno.*

Não se envaideça ambicioso o astro
por triunfar entre estrelas menores,
pois também tu triunfas entre flores
consteladas aqui como as do alto.
És por teu esplendor que não tem par
glória deste lugar, ele do outro.
Ele em seu círculo, tu em teu horto,
tu sol na terra, ele rosa no ar.

Trabalhos entre vós serão parelhos,
amante o sol de ti, do sol amante.
Ele de teus brasões, de teus retalhos
a aurora vestirá no seu levante;
tu espalharás em pétalas e folhas
sua libré dourada e flamejante;
e para atá-lo e retratá-lo em cheio,
terás sempre um pequeno sol no seio.

ANTON GIULIO BRIGNOLE SALE (1605-1665)

LA CORTIGIANA FRUSTATA

La man, che ne le dita ha le quadrella,
Con duro laccio al molle tergo è avvolta;
L'onta a celar, ch'è ne le guance accolta,
Spande il confuso crin ricca procella.

Su'l dorso, ove la sferza empia flagella,
Grandine di rubini appar disciolta;
Già da livor la candidezza e tolta,
Ma men candida ancor, non è men bella.

Su quel tergo il mio cor spiega le piume,
E per pietà di lui gia tutto esangue,
Ricever le ferite in sé presume.

In quelle piaghe agonizzando ei langue;
Ma non si serba il solito costume,
Ché'l sangue al cor, non corre il core al sangue.

ANTON GIULIO BRIGNOLE SALE (1605-1665)

A CORTESÃ FLAGELADA

A mão, que tem a seta presa a ela,
Com duro laço ao mole dorso é torta;
Para ocultar a dor, que ao rosto corta,
Confusa crina faz rica procela.

À pele, que o mau látego flagela,
Um friso de rubis frouxos aporta;
De lividez toda a candura é morta,
Mas menos alva, não é menos bela.

Em tal dorso meu coração de pluma
Abre as asas, de pena, e todo exangue
Quer sofrer as feridas uma a uma.

Naquelas chagas agoniza, langue;
E não se vê correr, como costuma,
O sangue ao coração, mas este ao sangue.

METAMORFOSES DAS *METAMORFOSES*

Não sei se já se pensou alguma vez nas *Metamorfoses* de Ovídio em termos de cinema. Poucas obras literárias, no entanto, serão tão cinematográficas. Nas *Metamorfoses* tudo é *kinema,* movimento puro, ação feita poesia. Agora, quando o cinema parece, mais do que nunca consciente de sua natureza *kinética;* quando, na expressão de José Lino Grünewald, o cinema aparece "em sua essência motossonorovisual", "riocinecorrente", da lucidez lúdica de um Godard ao lúcido ludismo de um Richard Lester, na "magia do espetáculo, das formas"; quando o cinema – *movies,* acima de tudo – *si muove,* com seus anti-heróis vertiginosos, na fuga "à bout de souffle" do *Acossado,* na corrida incessante dos Beatles, na sucessão barroca de episódios moventes (e nada comoventes) do "007" – "ce rusé personnage" –, *superman* de uma nova arte-do-engenho cinematográfica; quando, para usar ainda uma outra fórmula grünewaldiana (a propósito de *It's a Mad Mad Mad World),* as imagens se sucedem num "espasmo rutilante de acidentes e incidentes"; como deixar de lembrar o dilúvio de acontecimentos que as *Metamorfoses* projetam sobre o leitor na sua enxurrada fantástica de transformações, onde a todo momento afloram ao primeiro plano as "fusões" de seres animados e inanimados, "mudadas formas em novos corpos" (Ovídio "via" Castilho)? As *Metamorfoses* são, na verdade, o grande *thriller* cinemascópico (em 15 livros) da literatura latina. Seus deuses e deusas, perfeitos e onipotentes, embora muito humanos, são os astros e estrelas de celuloide com que o cinema hoje alimenta o inconsciente coletivo.

É claro que podemos encontrar em muitas obras do gênero narrativo, em prosa e poesia, algo desse espírito cinematográfico: da *Bíblia* à *Odisseia,* das *Mil e Uma Noites* ao *Decameron,* do *Quixote* ao *Tom Jones.* Algumas já serviram mesmo à "transposição" para o cinema, sempre duvidosa, ainda que excepcionalmente eficaz no caso de *Tom Jones*. As *Metamorfoses*, porém, por seu esquema livre, que faz do poema uma "obra aberta", por sua linguagem sintética e sua natureza de movimento perpétuo – *carmen perpetuum*, diz o poeta – de ações e acontecimentos, liberados pela fantasia, talvez estejam mais próximas de uma noção moderna de narrativa, e do espírito redutor e plástico do olho cinematográfico.

Realmente, como esclarece J. Chamonard, em sua introdução à edição bilíngue das *Metamorfoses*, na coleção "Classiques Garnier", o poema consta de 12000 versos ininterruptos, onde se comprimem mais de 200 lendas. Para o entrosamento dessas lendas, Ovídio rejeitou os projetos de seus antecessores, que as agrupavam em classes, por tipo de metamorfose (em pássaros, em plantas, em pedras...), por origem (atenienses, tebanas, etc) ou segundo as divindades de que os heróis foram vítimas. Preferiu Ovídio seguir uma pretensa sucessão de eventos no tempo, desde a criação até a época do Imperador Augusto. E nisso teve de usar toda a sua inventiva e uma grande dose de arbitrariedade. Assinalando já nos 1º e 2º Livros algumas lendas "muito mal interligadas", observa Chamonard que após o Livro V seria vã qualquer tentativa de agrupamento lógico das lendas. As transformações nos levam, sem transição, "da Ática à Beócia, de Cólquida a Salamina ou a Creta, da Acarnânia à Frígia, de Tirinto a Mileto, da Trácia a Chipre, da Tróade à Tessália". Sem contar, entre elas, "toda uma poeira de fábulas", colocadas pelo poeta em segundo plano, e às vezes apenas mencionadas, que, segundo Chamonard, "aumentam ainda a impressão de uma diversidade, que pode ser variedade, mas frequentemente não é mais que disparate". Das lendas reunidas pelo poeta, apenas a cerca de 50 são dedicados mais de 30 versos, e destas, somente 30 são desenvolvidas em mais de 100 versos e 15 em mais de 200. Daí concluir Chamonard: "Não se pode, pois, a propósito das *Metamorfoses*, falar, como da *Eneida* por exemplo, em plano, em ordenamento regular, em proporções sabiamente observadas. O que Ovídio conhecia melhor era, como o outro, o seu começo: e também, talvez melhor ainda, como bom cortesão, o seu fim. Entre os dois marcos, tomou por única regra a fantasia".

Parece evidente que uma análise meramente lógica da estrutura das *Metamorfoses* não pode induzir a outra conclusão que à da "falta de unidade" ou do "disparate". Somente uma análise de outro tipo, que tivesse em conta a própria materialidade do texto – sua linguagem, suas associações e conexões de natureza formal –, seria capaz de fornecer as razões que nos levam a concluir, diferentemente, pela solidariedade da "colcha de retalhos" ovidiana, pela unicidade de sua estrutura, a despeito da aparente "ausência de unidade" da obra, pela concordância final – *discors concordia* – de seus "disparates".

A narração de índole fragmentária, alógica, atemporal, descontínua, e portanto econômica e ecumênica (ao contrário da narração uniforme, lógica e contínua, casuisticamente desenvolvida) se impôs – do *Ulisses* ao *Mobile* – como o método formal adequado para a mente contemporânea, habituada, pelo desenvolvimento tecnológico dos meios de reprodução e de comunicação, pelo jornal e pelo cinema especialmente, a digerir o máximo de informação no mais breve espaço de tempo. Talvez por isso uma moderna retomada do gênero poético-narrativo, como os *Cantos* de Ezra Pound, começou hesitando entre os modelos da *Odisseia*, da *Divina Comédia* e das *Metamorfoses*, para terminar, a partir dos Cantos Pisanos, mais como estas, num jorro alucinante de eventos "disparatados".

Em *Motive & Method in "The Cantos" of Ezra Pound*, coleção de estudos críticos editada por Lewis Leary[1], há um ensaio da Irmã M. Bernetta Quinn, O.S.F., que trata, precisamente, das "Metamorfoses de Ezra Pound". Demonstra ela que a "metamorfose" é um dos maiores temas usados para obter continuidade nos *Cantos*, constituindo uma das chaves interpretativas do poema. Lembra que Yeats, em *A Packet for Ezra Pound*, dá uma excelente ideia do princípio metamórfico nos *Cantos*, quando relata que Pound lhe dissera em conversa: "Não haverá nenhum plano, nenhuma crônica de acontecimentos, nenhuma lógica do discurso, apenas dois temas, a descida ao Hades de Homero, uma Metamorfose de Ovídio, e misturados a eles, figuras históricas medievais ou modernas". Pound tinha as *Metamorfoses* como um de seus "livros sagrados", colocando-as entre as cinco obras literárias fundamentais: as Odes colecionadas por Confúcio, a Epopeia Homérica, as *Metamorfoses*, a *Divina Comédia*, as Peças (estas últimas, naturalmente, as peças de Shakespeare, Jacquespère Shxpr ou apenas Shx, como EP preferia chamá-lo na linguagem estenográfica das suas cartas). E as distinguia de outro livro de transformações, O *Asno de Ouro* de Apuleio: "Ambos escrevem sobre maravilhas e transformações e coisas sobrenaturais. Ovídio – urbano, cético, um romano citadino – escreve, não em prosa florida, mas num verso polido, com a *clarté* da prosa científica francesa (...) A coisa maravilhosa é tornada plausível, os deuses são humanizados, seus anais são escritos como se fossem copiados do registro de uma paróquia; os heróis poderiam ter sido conhecidos do pai do autor. Em Creta, no reino de Minos, para dar um exemplo definido, Dédalo está construindo o primeiro monoplano, e 'o garoto Ícaro, rindo, agarra as plumas que voam pelo ar, amolece a cera com o dedo e com as suas brincadeiras estorva o maravilhoso trabalho de seu pai'. Algumas linhas adiante Ovídio, em testemunho do engenho de Dédalo como mecânico, escreve que, observando a espinha de um peixe, ele havia inventado a primeira serra: poderia ser o incidente da maçã de Newton. De um modo geral, não há nada que possa excitar a nossa incredulidade. O inventor da serra inventa um aeroplano.

---

1. New York, Columbia University Press, 1954.

Há um acidente com o seu filho, que desatende as instruções de vôo do pai, e um motejo final de um velho êmulo, Perdix, que havia simplificado o processo da aviação mudando-se a si mesmo em pássaro. Isto é dito de maneira tão simples que dificilmente nos lembramos de nos surpreender com a metamorfose de Perdix numa perdiz. (...) Ovídio, antes de Browning, ressuscita os mortos e disseca o seu processo mental; ele passeia com as pessoas do mito". *(Spirit of Romance)*.

Esse convívio do real com o irreal, que encontra no ilusionismo cinematográfico possibilidades naturais de concretização, é obtido por Ovídio e por Pound através da descrição precisa, "científica", e da mobilidade e plasticidade das ações. Pound, porém, imprime a estas um ritmo ainda mais acelerado, que lhe permite acarear fatos e personagens de todas as épocas num mesmo momento.

Assim, no Canto II, num episódio adaptado do Livro III das *Metamorfoses*, os marinheiros se dirigem a Baco (transformado em menino) em jargão coloquial norte-americano: "To Naxos? Yes, we'll take you to Naxos, / Cun-Talong lad". (Pra Naxos? Sim, nós te levamos pra Naxos, / Vam'bora garoto.) No Canto IV, num giro fantástico, o poeta provençal Guillem de Cabestanh, cujo coração foi servido pelo marido enciumado à mulher, Soremonda, é associado a Itis, filho de Tereu e Procne, morto pela própria mãe (depois transformada em andorinha) e dado de comer por esta a Tereu *(Metamorfoses, Livro VI)*. Pound coloca em primeiro plano a cena em que Soremonda se suicida, ao saber que comera o coração do amante. Itis é introduzido através do canto auto denunciador das andorinhas, que sublinha todo o episódio:

      Ityn!
Et ter flebiliter, Itys, Ityn!
And she went toward the window and cast her down.
    "*All the while, the while, swallows crying:*
Ityn!
    "*It is Cabestan's heart in the dish.*"
    "*It is Cabestan's heart in the dish?*"
    "*No other taste shall change this.*"
And she went toward the window,
      the slim white stone bar
Making a double arch;
Firm even fingers held to the firm pale stone;
Swung for a moment,
      and the wind out of Rhodez
Caught in the full of her sleeve.
      ...the swallows crying:
'Tis. 'Tis. Ytis!

>   Ityn!
> Et ter flebiliter, Itys, Ityn!
> E ela foi à janela e jogou-se,
>   "Todo o tempo, todo, as andorinhas cantando:
> Ityn!
>   "O coração de Cabestan no prato."
>   "O coração de Cabestan no prato?
>   "Nada mudará este gosto."
> E ela foi à janela,
>   a barra esbelta de pedra branca
> Formava um duplo arco;
> Dedos firmes e lisos presos à pedra firme e lívida,
> Oscilou um momento
>   e o vento de Rodez
> Inflou sua manga solta.
>   ...as andorinhas cantando:
> Tis. Tis. Ytis[2].

Como assinala Bernetta Quinn, "a união das lendas é obtida, entre outros processos, pela alteração gradual do nome da criança-vítima da história grega: o acusativo latino Ityn (que é também uma união de Itys e Cabestan) – It is – Tis – Ytis". Mas as metamorfoses linguísticas de Pound vão ainda mais longe. Alterando um verso de Horácio ("Ityn flebiliter gemens", gemendo tristemente por Ítis, *Carmina* IV, XII, 2), ele enfatiza a sílaba *ter* ("Et *ter* flebiliter", e muitas vezes tristemente) para fazê-la funcionar como sinalização evocativa de Tereu.

Imediatamente em seguida, no mesmo Canto IV, vemos Acteon, metamorfoseado em cervo e comido pelos próprios cães por ter visto Diana nua (*Metamorfoses*, Livro III), fundir-se com a *persona* de Peire Vidal, o trovador que se vestiu de lobo e foi caçado como tal, por amor de Dona Loba de Peugnautier. Vidal, recitando Ovídio, enquanto foge dos cães, confunde na memória três lagos das *Metamorfoses*: Pergusa (perto do qual Proserpina se distraía com jogos quando foi raptada); Gargáfia (onde Diana se banhava ao ser vista por Acteon); Salmacis (batizado com o nome da ninfa que se enamorou de Hermafrodito): "Pergusa... lago... lago... Gargáfia, / "Lago... lago de Salmacis". Por fim, numa única linha, *o flash* de mais uma metamorfose: o guerreiro Cicno, filho de Poseidon, por este transformado em cisne (*Metamorfoses*, XII, 143-145):

---

2. Tradução conjunta de A. e H. de Campos e D. Pignatari, dos *Cantares* de Ezra Pound. Rio de Janeiro, ed. do Serviço de Documentação do Ministério de Educação e Cultura, 1960.

Actaeon...
    and a Valley,
The valley is thick with leaves, with leaves, the trees,
The sunlight glitters, glitters a-top,
    Like a fish-scale roof,
Like the church roof in Poictiers
If it were gold.
    Beneath it, beneath it
Not a ray, not a slivver, not a spare disc of sunlight
Flaking the black, soft water;
Bathing the body of nymphs, of nymphs, and Diana,
Nymphs, white-gathered about her, and the air, air,
Shaking, air alight with the goddess,
    fanning their hair in the dark,
Lifting, lifting and waffing:
Ivory dipping in silver,
    Shadow'd, o'ershadow'd
Ivory dipping in silver,
Not a splotch, not a lost shatter of sunlight.
Then Actaeon: Vidal,
Vidal. It is old Vidal speaking,
    stumbling along in the wood,
Not a patch, not a lost shimmer of sunlight,
    the pale hair of the goddess.

The dogs leap on Actaeon,
    "Hither, hither, Actaeon,"
Spotted stag of the wood;
Gold, gold, a sheaf of hair,
    Thick like a wheat swath,
Blaze, blaze in the sun,
    The dogs leap on Actaeon.
Stumbling, stumbling along in the wood,
Muttering, muttering Ovid:
    "Pergusa... pool... pool... Gargaphia,
"Pool... pool of Salmacis.
    The empty armour shakes as the cygnet moves.

Acteon...
    e um vale,
O vale é espesso de folhas, folhas, árvores,
O sol brilha, brilha em seu topo
Como um telhado de escamas,
    Como o telhado da igreja em Poictiers
Se fosse de ouro.
    Sob, por sob,
Nem raio, nem lasca, nem parco disco de sol
Franja a branda água negra;
Banhando o corpo de ninfas, de ninfas, e Diana,
Ninfas em torno dela, alvi-bando, e o ar, ar,
Tremor de ar, aceso com a deusa,
    revolve cabelos na treva,
Ergue-os, soergue, desgrenha:
Marfim mergulhando na prata,
    Sombreado, sombrio
Marfim mergulhando na prata,
Nem nódoa, nem solta centelha de sol.
Então Acteon: Vidal,
Vidal. É a voz do velho Vidal
    tropeçando no bosque,
Nem mancha, nem mera faísca de sol,
    os cabelos pálidos da deusa.

Os cães saltam sobre Acteon,
"Aqui, aqui, Acteon",
Cervo mosqueado do bosque;
Ouro, ouro, um maço de cabelos,
    denso como estriga de trigo,
Arde, arde no sol,
    Os cães assaltam Acteon.
Trôpego, tropeçando no bosque,
Murmura, murmura Ovídio:
    "Pergusa... lago... lago... Gargáfia,
"Lago... lago de Salmacis."
    Oscila o arnês vazio, vacila o filhote de cisne[3].

3. Op. cit.

As *Metamorfoses* servem, pois, como instigação temática e técnica a Ezra Pound. São um dos temas contrapontísticos dos *Cantos*, entendidos como um poema de estrutura análoga à da fuga musical, conforme carta do próprio Pound a seu pai Homer:

> *Mais ou menos como tema, resposta e contra-tema em uma fuga.*
> A.A. *O vivo desce ao mundo dos Mortos.*
> C.B. *A 'repetição na História'.*
> B. C. *O 'momento mágico' ou momento da metamorfose, irrupção do cotidiano para o 'mundo divino ou permanente'. Deuses, etc.*

A propósito da técnica dos *Cantos*, diz Ambrose Gordon que "para mediação entre momentos individuais importantes é requerido algo como o *fade in* cinematográfico, ou, mais precisamente, uma montagem – se quiserem, uma metamorfose".[4] A técnica metamórfica dos *Cantos* significa transformação permanente ("Tudo flui, dizia / o ínclito Heracleitos", lembra EP, no seu "Mauberley"). Fusões. Transmutações. Personae. Máscaras. Movimento. Videogramas verbais. Vide Ovídio.

---

4. V.M. Bernetta Quinn, O.S.F., "The Métamorphoses of Ezra Pound", op. cit., p. 74.

DOS "POETAS BIZARROS" A HOPKINS

A ideia do Barroco a-histórico, ou supra-histórico, atuando como uma constante, para além dos limites do século XVII, pode ser discutível e induzir a excessos de barrocomania à Eugênio d'Ors, mas é, sem dúvida, instigante, e se encaminha para uma visão mais geral e moderna da linguagem poética.

Assim é que, rompendo a tradição da periodologia literária, Ernst Robert Curtius, no seu famoso livro *Literatura Europeia e Idade Média Latina* (Cap. XV – "Maneirismo"), propõe, em substituição ao binômio Classicismo-Romantismo, a oposição de Classicismo e Maneirismo (termo que prefere a Barroco), tomado este como "denominador comum a todas as tendências literárias opostas ao classicismo, sejam elas pré-clássicas ou pós-clássicas ou contemporâneas de qualquer classicismo"[1]. E, na demonstração de sua tese, que é capaz de reunir Marcial e Mallarmé, Lucílio e Joyce, numa mesma assembleia literária, trata de identificar toda uma tópica da linguagem maneirística. Das figuras de retórica – o hipérbato, a perífrase, a paronomásia ou *annominatio* (acumulação de diversas formas de flexão da mesma palavra e suas derivações, ou de palavras homófonas e assonantes) e o metaforismo – aos maneirismos formais: 1 – o "jogo lipogramático": poesias em que é omitida uma letra (Curtius cita exemplos gregos e latinos, mas poderia mencionar igualmente o moderníssimo caso de E. E. Cum-

---

1. Ernst Robert Curtius, *Literatura Europeia e Idade Média Latina*, Rio de Janeiro, Instituto Nacional do Livro, M.E.C., 1957. De minha parte, continuo a dar preferência ao termo Barroco, já que as conotações pejorativas desta palavra têm conteúdo apenas histórico, ao passo que a palavra "maneirismo", pelo menos em português, se vincula a uma área semântica negativa (a que pertencem outras palavras, como "amaneirado"), de cujo contexto parece difícil desarraigá-la.

mings, em cujo poema "o pr/gress" a letra "o" é eliminada nos finais das linhas); 2 – o "jogo pangramático" (ou aliteração): "O Tite, tute, Tati, tibi tanta, Tyranne, tulisti" (Ênio); 3 – as "poesias figuradas": aos exemplos greco-latinos se poderia acrescentar, hoje, o de Apollinaire e o da fase fisiognômica da poesia concreta; 4 – a "logodaedalia": artifícios verbais, como o uso sistemático de palavras monossilábicas (Ausônio), os "versos de cabo roto" ou mutilados (Cervantes), as tmeses: "saxo cere-comminuit-brum" / "com a pedra o cére-esfacela-bro" (Lucílio)*; 5 – o "assíndeto de encher versos" (acumulação de palavras); 6 – os *"versus rapportait"*, em que se altera a ordem da construção gramatical, empilhando as sentenças em blocos simétricos; 7 – o "esquema de adição": resumo de todos os temas do poema no verso final. A esses efeitos formais se deve ajuntar ainda a característica do "estilo epigramático", a que Curtius dá grande ênfase.

Um conceito assim amplo permite ver com olhos novos não só o próprio Barroco histórico, mas muitas outras épocas e autores cujo significado não foi ainda bem apreendido e compreendido, eliminando as barreiras da distância e do tempo. É desse modo que o Barroco é visto por Gustav René Hocke, cujo livro *Manierismus in der Literatur*[2] pode ser tido, até certo ponto, como um desenvolvimento do estudo fundamental de Curtius, embora com o aporte de outros dados e um mais variado repertório da poesia moderna. Esta, para Hocke, se vincularia decididamente à linhagem do Maneirismo, balizada pelos traços da irregularidade, da desarmonia e da modernidade, em contraposição às linhas mestras do Classicismo: a regularidade, a harmonia, o conservadorismo.

Curioso paralelo estabelece Hocke entre o inglês Gérard Manley Hopkins (1844-1889) e os *poeti bizarri,* poetas bizarros, como foram chamados depreciativamente na Itália alguns poetas dos séculos XVI e XVII sobre os quais há escassa informação: Luigi Groto (1541-1581) e Lodovico Leporeo (séc. XVII). A julgar pelos exemplos de Hocke, trata-se de poetas que levam mais longe que o próprio Marino, o sonorista por excelência do Barroco italiano, os experimentos poéticos na faixa melopáica.

Com suas *Rime,* publicadas em Veneza, em 1587, Luigi Groto "está entre os primeiros e mais audaciosos engenheiros de letras e palavras do

---

* *Nota da 2ª edição:* Este exemplo não é dado por Curtius, que prefere reportar-se a "septem subiecta trioni" (Virgílio, *Eneida,* 1,412). Max Jasinski (Ausons, *Oeuvres,* Garnier, II, 299) é quem o atribui a Lucílio, ao comentar uma construção tmética de Ausônio. Outros, no entanto, o creditam a Ênio. Pound inicia o Canto CVIII com uma montagem alusiva a essa extraordinária tmese, que não é feita sobre uma palavra composta - como no exemplo de Virgílio - mas com fratura de uma palavra comum ("COMMINUIT / there is frost on the rock's face / nurse of industry (25 Edward HI) / BRUM").

2. Hamburg, Rowohlt, 1959.

século XVI italiano. Marino o admirava." – acentua Hocke. Sua obra-prima é um soneto de 52 rimas (!), onde repontam traços maneirísticos, como as aliterações e o esquema de adição. Eis o primeiro quarteto: "A un tempo temo, e ardisco et ardo e agghiaccio / Quando a l'aspetto dei mio amor mi fermo / E stando al suo cospetto, a Thor poi fermo / Godo, gemo, languisco, guardo e tacio". ("A um tempo temo, tremo e ardo e gelo / Quando no encanto deste amor me prendo / E olhando o seu semblante em flor me rendo, / Gozo, gemo, enlangueço, guardo e anelo.)

Segundo Hocke, porém, "mais atrevidas, mais engenhosas, dedáleas, no sentido de um *fabbricare* de versos," parecem ser as criações de Lodovico Leporeo, publicadas em Roma em 1634. "Sua obra mais importante, que chega às raias da 'loucura' poética – prossegue o crítico alemão – chama-se *Decadario Trimetro,* e nos faz lembrar as palavras de Gracián, de que 'todo Talento *(ingenio)* contém o seu grau de demência', ou a sentença de Tesauro, de ser próprio dos loucos, especialmente, fazer versos belos (paralógicos). Leporeo denominava-se a si próprio um 'Inventor de *Poesia Alfabética*'. O que em Harsdoerffer era ainda 'arte racional', em Leporeo, através da conjunção de virtuosidade e extremismo, chega quase a um automatismo verbal 'moderno' . O poeta elucida, em um prefácio a sua abstrusa obra, que se propôs 'tornar difícil a lírica italiana'. A obscuridade intencional é talvez como a das palavras tão citadas de Mallarmé ('ajouter un peu d'obscurité'). Leporeo formará 110 'dezenas' em 1100 versos, para com eles obter 3300 'correspondências'. O som das vogais é 'fundamental', o conteúdo secundário; podem ocorrer temas convencionais; o efeito linguístico é decisivo. Segue-se o *Deca-Tredeca-Silaba*. Ele teria entusiasmado o jovem Hugo Bali, quando ainda era dadaísta e se extasiava com os *vocábulos unidos pela Magia*". Veja-se este exemplo: "Sudo ignudo, egro, e negro, entro una cella / Cufa stufa, ove piove il grano e spilla, / Mentre il ventre, ivi, a rivi, il sangue stilla, / Grido e strido, asmo, spasmo, e muio in quella".

À estirpe barroca do "Leporismo", filia Hocke o padre-poeta inglês Gerard Manley Hopkins, em cuja obra e em cujas ideias vislumbra ainda muitos outros traços maneirísticos (assim, o seu conceito de *inscape,* que corresponderia ao de *disegno interno* de Zuccari).

Realmente, a aproximação cabe, pois, como observa W. H. Gardner[3], "Hopkins fez maior uso do que qualquer outro poeta inglês da aliteração, da assonância, da meia-rima e da rima total internas, e daquelas sutis escalas vocálicas que chamava de *vowelling on* e *voweling off*. Como Leporeo, diria Hopkins: "Tornei o escrever tão difícil – e a inspiração raramente veio".

---

3. W.H. Gardner. *Gerard Manley Hopkins*. London, Penguin Books, A Sélection of His Poems and Prose, 1958.

Uma das grandes redescobertas da crítica moderna (com F. R. Leavis e Herbert Read, à frente, entre outros), o estranho poeta-jesuíta não chegara a ser bem compreendido nem mesmo pelo seu primeiro editor e íntimo amigo, o poeta laureado Robert Bridges, que lhe reprochava a "obscuridade" e a "excentricidade". Hopkins, no entanto, se repelia a ideia de uma obscuridade proposital, assumia conscientemente o risco de parecer "bizarro", por ser novo e ousado: "Todo poeta – afirmava, numa carta de 1878 a Bridges – deve ser original e a originalidade, uma condição do gênio poético; de sorte que cada poeta é como uma espécie na natureza (não um *Individuum genericum* ou *specificum*) e nunca pode repetir-se". E ainda: "Não há dúvida de que a minha poesia vagueia sobre o plano da excentricidade... Mas tal como a ária, a melodia, é o que me atrai mais do que tudo em música, e o desenho em pintura, assim o desenho, a estrutura ou o que estou acostumado a chamar *inscape* é o que acima de tudo busco em poesia. Ora, é a virtude do desenho, estrutura, ou *inscape* ser específico e é o vício da especificidade tornar-se excêntrico. Desse vício eu não posso ter escapado". Mas o mesmo poeta que parece assim tão concentrado numa visão estrutural do objeto artístico e na consciência de sua própria marginalidade, tinha também acentuadas preocupações sociais, e, radical nestas, como em sua poesia, se confessava, numa carta de 1871 a R. Bridges, "de certo modo, um comunista". Positivamente, isso tudo era demais para um "poeta laureado"...

Lançador do *sprung rhythm* – ritmo acentual em que cada unidade é constituída por grupos variáveis de uma a quatro sílabas –, precursor das palavras-montagem e das supersonoridades joycianas, Hopkins tem, efetivamente, algo em comum com o "leporismo", com suas cadeias de eco, e seus "crescendo" e "decrescendo" vocálicos. Mas com outras complexidades estruturais e maiores consequências semânticas.

O poema "The Leaden Echo and the Golden Echo" (O Eco de Bronze e o Eco de Ouro), de 1882, aqui traduzido, ilustra admiravelmente os métodos da poesia de Hopkins. Desde a abertura, onde – como sublinhou F. R. Leavis – se observa "a estrutura e a progressão de eco verbal, aliteração, rima e assonância" conjugados: "How to kéep – is there ány any, is there none such, nowhere known some, bow or brooch or braid or brace, lace, latch or catch or key to keep / Back beauty, keep it, beauty, beauty, beauty,... from vanishing away?" Além disso, o poema dos ecos é uma notável equação existencial do humano afã de sobrevivência: o tema é o da efemeridade da beleza, desencadeado por uma torrente de objetos extraídos do *mundus muliebris,* na expressão do próprio Hopkins, pois, como ele esclarece, trata-se aqui "da beleza como algo que pode ser conservado e perdido fisicamente e apenas por coisas físicas, como chaves". Pode-se perceber, também, aquilo que o poeta chamava de *instress* (energia ou impulso interior), através da vibrante nervosidade, do *"pathos* terrível" que lhe percorre a torturada poesia, talvez a única, do pálido e polido fim de século vitoriano, capaz de suportar comparação com a dos grandes simbolistas franceses.

GERARD MANLEY HOPKINS (1844-1889)

THE LEADEN ECHO AND THE GOLDEN ECHO
(Maidens' song from St. Winefred's Well)

THE LEADEN ECHO

How to kéep – is there any any, is there none such, nowhere known
    some, bow or brooch or braid or brace, lace, latch or catch or
    key to keep
Back beauty, keep it, beauty, beauty, beauty,... from vanishing away?
Ó is there no frowning of thèse wrinkles, rankèd wrinkles deep,
Dówn? no waving off of thèse most mournful messengers, still
    messengers, sad and stealing messengers of grey?
No there's none, there's none, O no there's none,
Nor can you long be, what you now are, called fair,
Do what you may do, what, do what you may,
And wisdom is early to despair:
Be beginning; since, no, nothing can be done
To keep at bay
Age and age's evils, hoar hair,
Ruck and wrinkle, drooping, dying, death's worst, winding sheets,
    tombs and worms and tumbling to decay;
So be beginning, be beginning to despair.
O there's none; no no no there's none;
Be beginning to despair, to despair,
Despair, despair, despair, despair.

THE GOLDEN ECHO

    Spare!
There is one, yes I have one (Hush there!);
Only not within seeing of the sun,
Not within the singeing of the strong sun,
Tall sun's tingeing, or treacherous the tainting of the earth's air,
Somewhere elsewhere there is ah well where! one,
Óne. Yes I cán tell such a key, I dó know such a place,

GERARD MANLEY HOPKINS (1844-1889)

O ECO DE BRONZE E O ECO DE OURO
(Canção das virgens da Fonte de S. Winefred)

O ECO DE BRONZE

Como guardar – há algum algum, haverá um, algum algo algures,
    tranca ou trinco ou broche ou braço, laço ou trave ou chave
    capaz de res-
Guardar o belo, guardá-lo, belo, belo, belo... do desgaste?
Oh nenhum franzir de rugas, profundas rugas se avista?
Nenhum sobressalto dos altos álgidos arautos, áridos arautos,
    escuros e escusos arautos do cinza?
Não, nenhum, nenhum, Oh não há nenhum,
Nem podes mais ser, o que ora és, dito perfeito,
Faze o que se há de fazer, o que, faze o que se há de,
Sabedoria gera o desespero:
Sê começo; já que, não, nada pode ser feito
Para deter o
Tempo e o mal do tempo, cã e cal,
Prega e ruga, falsa, falha, fel da morte, mortalha, tumbas e térmitas
    até o tombo final;
Sê começo, só começo ao desespero.
Oh nenhum, não não não não há nenhum:
Sê começo ao desespero, ao desespero,
Desespero, desespero, desespero, desespero.

O ECO DE OURO

    Espera!
Há um, sim eu sei de um (Silêncio agora!)
Só que nãó se sente ao sol,
Não à vista do sol solerte,
À tinta do sol alto ou traiçoeiro o hálito do ar terrestre,
Aquém além existe ah bem quem! um só,
Um. Sim, sei dizer qual a chave, conheço tal recanto,

Where whatever's prized and passes of us, everything that's fresh
   and fast flying of us, seems to us sweet of us and swiftly away
   with, done away with, undone,
Undone, done with, soon done with, and yet dearly and dangerously
   sweet
Of us, the wimpled-water-dimpled, not-by-morning-matchèd face,
The flower of beauty, fleece of beauty, too too apt to, ah! to fleet,
Never fleets more, fastened with the tenderest truth
To its own best being and its loveliness of youth: it is an ever-
   lastingness of, O it is an ail youth!
Come then, your ways and airs and looks, locks, maiden gear,
   gallantry and gaiety and grace,
Winning ways, airs innocent, maiden manners, sweet looks, loose
   locks, long locks, lovelocks, gaygear, going gallant, girlgrace –
Resign them, sign them, seal them, send them, motion them with
   breath,
And with sighs soaring, soaring sighs deliver
Them; beauty-in-the-ghost, deliver it, early now, long before death
Give beauty back, beauty, beauty, beauty, back to God, beauty's self
   and beauty's giver.
See; not a hair is, not an eyelash, no the least lash lost; every hair
Is, hair of the head, numbered.
Nay, what we had lighthanded left in surly the mère mould
Will have waked and have waxed and have walked with the wind
   what while we slept,
This side, that side hurling a heavyheaded hundredfold
What while we, while we slumbered.

Onde tudo o que se ama e some de nós, tudo o que é novo e vai-se
 esvaindo de nós, sói ser suave de nós e súbito finado, findo,
 desfeito,
Desfeito, finito, findo, e todavia cara e raramente suave
De nós, a ruga-água-sulcada, mais-que-manhã-perfeita face,
A flor do belo, velo do belo, muito muito apta a, ah! voar,
Nunca mais voa, atada pela mais verde verdade
Ao seu melhor ser e à flor da mocidade: é uma sempre-viva de,
Oh é uma toda-mocidade!
Venham, pois, ares e olhares, trejeitos, trancas, dons de donzela,
 garbo e gala e graça,
Ares fatais, olhares infantis, donaires de donzela, trejeitos suaves,
 trancas soltas, trancas longas, trançamores, garbigárrulas,
 galgas galas, gentilgraça –
Resigna-os, designa-os, sela-os, solta-os, move-os com sopro
E com suspiros que se alteiam, altaneiros suspiros liberta-
Os; o belo-em-espectro, liberta-o, desde logo, muito antes que a
 morte de-
Volva o belo, e o belo, belo, belo volva a Deus, o eu do belo e o ser
 do belo.
Vê, nem um fio de cabelo, nem um cílio, nem um só cilício cai; cada
 cabelo
É, cabelo da cabeça, computado.
Mais; o que sutis largáramos em duro e mero molde
Terá vindo e vingado e vagado e vogado com o vento durante o
 enquanto que nos adormeça,
Daqui, dali, confundindo as cemcurvas de um cerebrochumbo
Durante o enquanto, o enquanto em que nos esqueçamos.

O then, weary then why should we tread? O why are we so haggard
    at the heart, so care-coiled, care-killed, so fagged, so fashed, so
    cogged, so cumbered,
When the thing we freely fórfeit is kept with fonder a care,
Fonder a care kept than we could hâve kept it, kept
Far with fonder a care (and we, we should have lost it) finer, fonder
A care kept. – Where kept? Do but tell us where kept, where. –
Yonder. – What high as that! We follow, now we follow. –
Yonder, yes yonder, yonder,
Yonder.

Oh, então por que curvos seguirmos? Oh por que sermos tão cavos
 no coração, tão medo-murchos, medo-mortos, tão fartos, tão
 fraudados, tão cansados, tão confusos,
Quando a coisa que livres renunciamos é guardada com o mais
 caro cuidado,
Mais caro cuidado guardada doque a poderíamos ter guardado,
 guardada
Com muito maior cuidado (e nós, nós a perderíamos), mais puro,
 mais caro
Cuidado guardada. – Onde guardada? Diga-nos onde guardada,
 onde. –
Lá longe. – Tão alto assim! Seguimos, já seguimos. –
Longe, sim, longe, longe,
Longe.

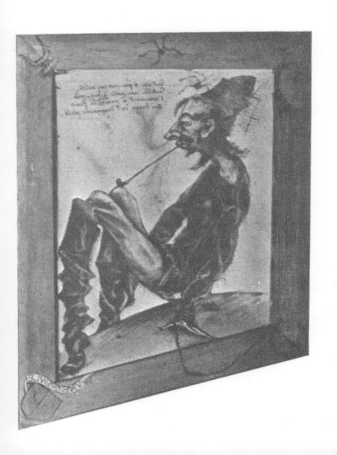

**Autorretrato
de Tristan Corbière**

ANTIPOESIA NO SIMBOLISMO

Durante muito tempo, o Simbolismo foi conhecido predominantemente por uma de suas faces: a do Simbolismo musical e abstratizante, das "florestas de símbolos" (Baudelaire), da "música antes de tudo" (Verlaine), do "sugerir" (Mallarmé); a do Simbolismo "simbólico", poder-se-ia dizer, numa redundância enfática. Ou seja, o Simbolismo da linha "sério-estética", como o definiu Edmund Wilson, em seu *Axel's Castle* ("O Castelo de Axel", na bem cuidada tradução que José Paulo Paes elaborou para a edição brasileira desse livro)[1]. A outra linha – a que Wilson denominou de "coloquial-irônica", ou ainda "irônico-pungente", "gírio-pomposa", "chulo-ingênua", sintetizando nesses compostos alguns de seus traços essenciais, ficaria, assim, uma espécie de "primo pobre", recessivo e desprezado, da outra – a linha "nobre" da Poesia Simbolista.

Várias podem ter sido as causas desse desprestígio. Tenho para mim, no entanto, que uma das mais fortes está na própria natureza *crítica* dessa linha, de certa forma um anticorpo ou contracorrente dialética dentro do Simbolismo. O agravamento do dissídio entre prosa e poesia, no século XIX, foi levando os textos poéticos a adquirirem a configuração totêmica de terreno fechado, expurgado, com tendência a uma discriminação semântica. Sem contravir essa tendência, a linha "sério-estética" extremou a tal ponto a desidentificação da poesia, que acabou arrebentando os limites da língua e chegando, por via de uma superpoesia, a uma apoesia ou expoesia, no limiar de uma nova linguagem: "nada ou quase uma arte".

Atacando pelo avesso – como diria Décio Pignatari –, os poetas da linha "coloquial-irônica" começaram a reintroduzir no corpo superpoético

---

1. Edmund Wilson, *Axel's Castle*. New York, Charles Scribner's Sons, 1931. Trad. bras.: *O Castelo de Axel*. São Paulo, Editora Cultrix, 1967.

do poema, artefato de luxo, todo um lixo semântico, vedado à "terra santa" da poesia. Contra os cânones do *sermo nobilis*, a dessacralização do *sermo vulgaris*. Antipoesia. Antiarte. "A arte não me conhece, / eu não conheço a arte", escreveu Tristan Corbière, assinalando a sua contestação ao "poema--obra-de-arte", como acentua Jean Rousselot.

Nessas duas linhas complementares do Simbolismo, verso-reverso da mesma medalha, e da mesma batalha – pois ambas se irmanavam no combate ao discurso e ao sentimentalismo –, a linha "sério-estética" se projetou mais, em parte em razão do predomínio de conceitos "artísticos" que se cristalizaram no século XIX. Em suma, o Simbolismo "sério-estético", embora não fosse bem literatura, ainda podia ser "poesia", esquisita e dissonante, perante um código beletrístico de ourivesaria. A poesia "coloquial-irônica", por mais artística que fosse, principiava a já não parecer "poesia"; filiava-se ao gênero maldito do "humor", da poesia-crítica, destinada, por equívoco, a não ser levada muito a sério pelos estetas da poesia--poética. O mesmo aconteceu com a poesia trovadoresca, onde por muito tempo ficaram em plano secundário os serventeses, as cantigas de escárnio e maldizer, isto é, a antipoesia dos trovadores, hoje reconduzida ao nível de sua verdadeira importância graças ao extraordinário trabalho crítico de estudiosos como Rodrigues Lapa.

Não se trata de uma questão acadêmica, mas de uma dialética viva na arte do nosso tempo, em curso. Os preconceitos estetizantes ainda vigem com o mesmo código de contravenções "artísticas". Em nome deles, João Cabral de Melo Neto chegou a ser censurado por um poeta da "geração de 45", por ter usado as palavras "cachorro" e "fruta", em lugar de "cão" e "fruto"... Mas Cabral já fora mais longe, ainda antes, argumentando provocativamente em "antiode": "Poesia, te escrevo / agora: fezes, as / fezes vivas que és". Oswald de Andrade, com amor e humor, e João Cabral, da antiode à antilira, viveram o problema. Que prossegue, vivo, com todas as suas contradições, nas gerações posteriores. Aplicando ao poema-protesto a receita de Cabral, o exconcreto Ferrreira Gullar repetiu: "Introduzo na poesia / a palavra diarreia". Mais radical, Pignatari, que viera do anti-anúncio, de coca-cola-cloaca, reverteu o processo e ampliou o dissídio, do texto para o próprio contexto, apresentando como poema o seu anúncio do produto "desinfórmio", contra perturbações intestinais...

Dada e *pop art*, no domínio das artes plásticas, constituem o complemento dialético, o reverso necessariamente crítico, se se quiser, dos movimentos construtivistas, abstrato-estéticos, do suprematismo ao concretismo. Essa espécie de "contradição não-antagônica" ficou ainda mais evidente com a ocorrência mais ou menos simultânea dos movimentos *pop* e *op*: até nas siglas tautográficas com que foram batizados, sugerindo a reversibilidade pelo acréscimo ou supressão de uma só letra, parece expressa tal dialética.

Numa semelhante relação se situam, uma para a outra, as linhas "sério-estética" e "coloquial-irônica". Edmund Wilson, aliás, observa que o Dadaísmo foi um desenvolvimento excêntrico e peculiar do Simbolismo e lembra os estranhos passeios (hoje diríamos, os *happenings* individuais) de Corbière em Roma, com uma mitra, trajes de gala e um porco... E se os franceses, de Baudelaire a Mallarmé, chegaram ao Simbolismo "sério-estético" por via de um norte-americano, Edgar Allan Poe, a vertente "coloquial-irônica" de Corbière e Laforgue foi redescoberta por dois norte-americanos, Ezra Pound e T. S. Eliot, que puderam saldar, assim, uma dívida nacional de poesia.

Pound, em especial, deu ênfase até exagerada à contribuição de Laforgue e Corbière em vários estudos de 1917-18 ("Ironia, Laforgue e alguma sátira", "O Duro e o Suave na Poesia Francesa", "Poetas Franceses"), relegando, afrontosamente, a segundo plano a obra de Baudelaire, Mallarmé e Valéry. Pode nos parecer injusto, hoje, o desinteresse de Pound pela linha mallarmeana, mas é preciso não esquecer que essa deformação crítica era, talvez, indispensável para restabelecer drasticamente o prestígio da outra face do Simbolismo. Igualmente estranhável pareceu, sempre, aos poetas ingleses e americanos a supervalorização francesa de Poe.

Corbière morreu com apenas 30 anos (1845-1875), Laforgue com 27 (1860-1887). Os poemas daquele – *Les Amours Jaunes* – aparecem em 1873; os *Complaintes*, de Laforgue, em 1885. No seu furor retificante, Pound chega a ver em Corbière "o maior poeta do período"! Laforgue – diz ele – é 90% crítico, trabalhando na maior parte com "poses" e "clichês" literários, fazendo deles o seu assunto. A sua voz não é a estridente e satírica de Corbière, a primeira a urlar aos romântico-retóricos e sentimento-românticos algo tão eficaz e violento como chamar a Hugo de "guarda nacional épico", e a Lamartine de "inventor da *lágrima escrita*, lacrimatório de assinantes". Laforgue – ainda segundo EP – é o descobridor da *logopeia*, a dança das palavras no intelecto (ressalvada a precedência de Propércio). O outro poeta que Pound faz companheiro dos – para ele – mais importantes poetas simbolistas, é Rimbaud – não o das alucinações, das vogais simbólicas e do barco embriagado, mas o de "Au Cabaret Vert", "Vénus Anadyo-mène" ou "Comédie en Trois Baisers", que teria dado à *fanopeia*, a projeção de imagens na imaginação visual, a sua claridade e a sua expressão direta. "O termo Rimbaud – diria Pound, mais tarde, em 1933 – tem dois sentidos. Alguns escritores franceses honestos proibiram o emprego dessa palavra há cerca de 10 anos. Eles queriam deixar que ela fosse decantada até que uma ou ambas as significações tivessem uma relativa definição. "Rimbaud", para os coveiros, significava romantismo megalómano, penachos, marcha-a-ré baudelairiana, Satã em cetim vermelho, etc. 'Rimbaud', para os escritores, coincidia com a primeira definição ideogramática que dei dele na *Little Review*, há 15 anos. Nesses poucos poemas Rimbaud era quase sinônimo de Catulo, na medida em que esses dois termos podem ser tidos por definições de estilo ou do trabalho verbal. Rimbaud, por vezes, chegava a uma qualidade catuliana, ou antes voltava, se alçava àquela claridade de expressão, ou se quiserem, àquela 'objetividade'. Da mesma forma que – por atacado – Corbière tinha sabido se desembaraçar dos guardanapos, bibelôs e rendinhas, etc, do verso francês, aproximando-se quase, mais ou menos, das paragens de Villon, para se instalar confortavelmente na imortalidade."

Eliot – que não subscrevia os juízos negativos de Pound sobre os "estetas" do Simbolismo – se identifica com ele na defesa dos poetas da linha "coloquial-irônica". Avizinha-os dos poetas "metafísicos" ("J. Laforgue e T. Corbière, em muitos de seus poemas, estão mais próximos da "escola de Donne" do que qualquer poeta moderno inglês") e testemunha a influência deles sobre a sua própria poesia: "A forma na qual comecei a escrever em 1908 ou 1909 resultou diretamente do estudo de Laforgue, a par do drama dos fins da era isabelina". Pound, por seu turno, em "Mauberley", pagou tributo à antitradição Villon-Corbière.

Não tivemos, praticamente, no Brasil, representantes significativos do "coloquial-irônico", a antipoesia ou a poesia-crítica simbolista. O gaúcho Marcelo Gama é uma exceção, mas não extremada, e sem a farpa, a precisão e a consciência lúcida de um Cesário Verde, talvez o único grande antipoeta simbolista em língua portuguesa. Aliás, quase não tivemos em nosso Movimento Simbolista representantes da outra linha – a "sério-estética" –, na sua projeção mais radical, mallarmeana. Seja por equívoco de informação, seja por imaturidade do nosso desenvolvimento poético, o fato é que o nosso Simbolismo parece ter-se nutrido muito mais das vertentes moderadoras do Simbolismo francês, quando não dos seus sucedâneos amaneirados, que dos aspectos verdadeiramente revolucionários daquele Movimento. Só na segunda fase do Simbolismo, em Kilkerry ou Ernâni Rosas, é que encontraremos algo de parecido às sínteses metafóricas e às perturbações sintáticas de um Mallarmé ou um Rimbaud, dando o salto para a modernidade. A maioria esmagadora dos nossos simbolistas – com exceções de poemas, mais do que de autores, e de versos mais do que de poemas – permanece morigeradamente presa ao satanismo "pré-simbolista" de Baudelaire, à musicalidade "melódica" de Verlaine, quando não descai nas deliquescências de Maeterlinck.

Por isso mesmo, parece importante alargar o horizonte de nossa linguagem poética, reproduzindo ou tentando reproduzir em português alguns dos poemas de Laforgue e Corbière, geralmente pouco e mal traduzidos em nossa língua. Diga-se de passagem que Pedro Kilkerry tem uma notável tradução do poema "Le Crapaud" (O Sapo) de Corbière, também vertido por Luís Martins. A tradução deste último é mais fiel ao ritmo do original. A de Kilkerry, transposta para o decassílabo, opera uma recriação envolvente, sem nenhum desperdício semântico: "Mas olha-o, sem asa, é um poeta pelado / O rouxinol da lama..."

De Corbière, o menos conhecido, "poète trop senti pour être poétique", fiz as seguintes traduções: os sonetos "Paisagem Má", que codifica o mau-gosto, "Você ri...", de impiedosa auto-ironia ("Faz de ti tua obra póstuma!"), e "Versos fiados a mão...", meta-soneto de receita; e os poemas "Rapsódia do Surdo", alegoria da incomunicabili-dade; "Epitáfio", um prodígio de duplo sentido, sufocando o ricto atrás do riso, e ao mesmo tempo um manifesto de antipoesia ("Poeta – apesar do verso; / artista sem arte – ao inverso."), do qual participa o prefácio-epitáfio em prosa redundante e circular, pré-Gertrude Stein; e dois outros epitáfios alternativos: "Sob um Retrato de Corbière", epigramático-patético ("On m'a manqué ma vie") e "Pária", definição da marginalidade do poeta ("Coração eunuco, amputado / De tudo o que molha ou que vibra..."). De Laforgue, "O Cigarro", um outro soneto dessacralizante com a sua anti-chave-de-ouro; "Locuções dos Pierrôs", onde as belas letras se confraternizam com as letras de câmbio; "Outro Lamento", montagem de "clichês", misturando geometria e sentimentos, um pouco como Cesário Verde o faria ("Amo, insensatamente, os ácidos e os gumes / e os ângulos agudos."); e o minipoema "Penúltima Palavra", que traz à memória o não menos lacônico "Dizem?" de Fernando Pessoa. Rimbaud – o Rimbaud da *fanopeia* – comparece, enfim, com "Venus Anadiômene", o belo-horrível num recorte imagista, e com "Cocheiro Bêbado" (do *Album Zutique)*, um miniantisoneto, para acabar com os sonetos.

TRISTAN CORBIÈRE (1842-1875)

PAYSAGE MAUVAIS

Sables de vieux os – Le flot râle
Des glas: crevant bruit sur bruit...
– Palud pâle, où la lune avale
De gros vers pour passer la nuit.

– Calme de peste, où la fièvre
Cuit... Le follet damné languit.
– Herbe puante où le lièvre
Est un sorcier poltron qui fuit...

– La Lavandière blanche étale
Des trépassés le linge sale,
Au soleil des loups... – Les crapauds.

Petits chantres mélancoliques
Empoisonnent de leurs coliques,
Les champignons, leurs escabeaux.

TRISTAN CORBIERE (1842-1875)

PAISAGEM MÁ

Praias de ossos. A onda estertora
Seus dobres, som a som, na areia.
Palude pálido. O luar devora
Grandes vermes – é a sua ceia.

Torpor de peste: somente a febre
Coze... O duende danado dorme.
A erva que fede vomita a lebre,
Bruxa medrosa que se some.

A Lavadeira branca junta os
Trapos surrados dos defuntos,
Ao *sol dos lobos...* E os sapos. Ei-los,

Anões de vozes melancólicas,
Que envenenam com suas cólicas
Os cogumelos, seus escabelos.

TU RIS

Tu ris. – Bien! – Fais de l'amertume,
Prends le pli, Mephisto blagueur,
De l'absinthe! et ta lèvre écume...
Dis que cela vient de ton coeur.

Fais de toi ton oeuvre posthume,
Châtre l'amour... l'amour – longueur!
Ton poumon cicatrisé hume
Des miasmes de gloire, ô vainqueur!

Assez, n'est-ce pas? va-t-en!
       Laisse
Ta bourse – dernière maîtresse –
Ton revolver – dernier ami...

Drôle de pistolet fini!
...Ou reste, et bois ton fond de vie,
Sur une nappe desservie...

VOCÊ RI

Você ri. – Ora, a dor! – Arruma
Um grão, Mefisto gozador,
De absinto! Teu lábio espuma...
E diz que isto vem do amor.

Faz de ti tua obra póstuma,
Castra o amor... ora, o amor – torpor!
Teu pulmão aspira em resposta uma
Gosma de glória, ó vencedor!

Basta.
     Vai e deixa comigo
Tua bolsa – última amante –
Teu revólver – último amigo...

Pobre espoleta agonizante!
...Ou bebe a borra de ser vida
Sobre a toalha desservida...

UN SONNET

AVEC LA MANIÈRE DE S'EN SERVIR

Réglons notre papier et formons bien nos lettres:

Vers filés à la main et d'un pied uniforme,
Emboîtant bien le pas, par quatre en peloton;
Qu'en marquant la césure, un des quatre s'endorme...
Ça peut dormir debout comme soldats de plomb.

Sur le railway *du Pinde est la ligne, la forme;*
Aux fils du télégraphe: – on en suit quatre, en long;
A chaque pieu, la rime – exemple: chloroforme.
– Chaque vers est un fil, et la rime un jalon.

– Télégramme sacré – 20 mots. – Vite à mon aide...
(Sonnet – c'est un sonnet –) ô Muse d'Archimède!
– La preuve d'un sonnet est par l'addition:

– Je pose 4 et 4 = 8! Alors je procède,
Em posant 3 et 3! – Tenons Pégase raide:
"O lyre! O délire! O..." - Sonnet - Attention!

Pic de la Maladetta. – Août

UM SONETO

COM A RESPECTIVA RECEITA

Aprontar o papel e formar bem as letras:

Versos fiados a mão e de um pé uniforme,
Em fila, pelotão de quatro, lado a lado,
Ao marcar a cesura um desses quatro dorme,
Soldadinho de chumbo, dorme em pé, entalado.

Sobre a *railway* do Pindo eis a linha, eis a forma e os
Quatro fios de telégrafo, logo, obrigado.
Em cada estaca, a rima – exemplo: *clorofórmios.*
– Cada verso é um fio pela rima igualado.

– Telegrama final: 20 palavras medes...
(Um soneto – é um soneto –) ó Musa de Arquimedes!
– A prova do soneto é por uma adição:

– 4 e 4 são 8! Eia, adiante, procede à
Soma de 3 mais 3! Solta o Pégaso a rédea:
"Ó lira! Ó delírio! Ó..." – Soneto – Atenção!

Pico de la Maladetta. – Agosto

RAPSODIE DU SOURD

A Madame D

L'homme de l'art lui dit: – Fort bien, restons-en là.
Le traitement est fait: vous êtes sourd. Voilà
Comme quoi vous avez l'organe bien perdu. –
Et lui comprit trop bien, n'ayant pas entendu.

– Eh bien, merci Monsieur, vous qui daignez me rendre
    La tête comme un bon cercueil.
Désormais, à crédit, je pourrai tout entendre
    Avec un légitime orgueil...

A l'oeil. – Mais gare à l'oeil jaloux, gardant la place
De l'oreille au clou!... – Non. – A quoi sert de braver!
...Si j'ai sifflé trop haut le ridicule en face,
En face, et bassement, il pourra me baver!...

Moi, mannequin muet, à fil banal! – Demain,
Dans la rue, un ami peut me prendre la main,
En me disant: vieux pot..., ou bien, en radouci;
Et je lui répondrai: – Pas mal et vous, merci! –

Si l'un me corne un mot, j'enrage de l'entendre;
Si quelque autre se tait: serait-ce par pitié?...
Toujours, comme un rebus, je travaille à surprendre
Un mot de travers... – Non. – On m'a donc oublié!

– Ou bien – autre guitare – un officieux être
Dont la lippe me fait le mouvement de paître,
Croit me parler... Et moi je tire, en me rongeant,
Un sourire idiot – d'un air intelligent!

RAPSÓDIA DO SURDO

A Madame D

O homem de arte lhe diz: – Perfeito. O tratamento
Já terminou. Você está surdo. Cem por cento.
Seu ouvido pifou. O caso está encerrado. –
E ele compreende bem, não o tendo escutado.

– Muito obrigado, mas uma vez que fizeram
    Desta cabeça um túmulo vazio,
Daqui por diante entenderei tudo o que quero
    Com justo orgulho e brio...

Com o olho. – Bem, mas e se o olho se equipara
À ex-orelha? – Não. – Para que se gabar?
...Se eu vaiei muito alto o grotesco na cara,
Na cara, e baixamente, ele irá me babar.

Eis-me, pois, manequim mudo de mim. Se alguém
Pela rua, amanhã, me tomar pela mão,
Dizendo: olá, paspalho... ou mais doce, meu bem,
Eu lhe responderei: – Não há de que, pois não! –

Se algum amigo fala, odeio o entender.
Se algum outro se cala: estaria ofendido?...
Sempre, como um enigma, espero surpreender
Uma palavra oblíqua... Não. – Fui esquecido?

– Ou ainda – outra nota – um ser oficioso,
Que parece pastar no maxilar moroso,
Intenta me falar... E eu ponho à minha frente
Um sorriso idiota, o ar inteligente.

– Bonnet de laine prise enfoncé sur mon âme!
Et – coup de pied de l'âne... Hue! – une bonne-femme,
Vieille Limonadière, aussi, de la Passion,
Peut venir saliver sa sainte compassion
Dans ma trompe-d'Eustache, à pleins cris, à plein cor,
Sans que Je puisse au moins lui marcher sur un cor!

– Bête comme une vierge et fier comme un lépreux,
Je suis là, mais absent... On dit: Est-ce un gâteux,
Poète muselé, hérisson à rebours?... –
Un haussement d'épaule, et ça veut dire: un sourd.

– Hystérique tourment d'un Tantale acoustique!
Je vois voler des mots que Je ne puis happer;
Gobe-mouche impuissant, mangé par un moustique,
Tête de turc gratis où chacun peut taper.

O musique céleste: entendre, sur du plâtre,
Gratter un coquillage! un rasoir, un couteau
Grinçant dans un bouchon!... un couplet de théatre!
Un os vivant qu'on scie! un monsieur! un rondeau!...

– Rien – Je parle sous moi... Des mots qu'à l'air je jette
De chic, et sans savoir si je parle en indou...
Ou peut-être en canard, comme la clarinette
D'un aveugle bouché qui se trompe de trou.

– Va donc, balancier soûl affolé dans ma tête!
Bat e branle ce bon tam-tam, chaudron fêlé
Qui rends la voix de femme ainsi qu'une sonnette,
Qu'un coucou!... quelque fois: un moucheron ailé...

– Boné de lã cinzento na alma soterrada,
E – coice de asno, enfim! – uma pobre coitada,
Vendedora ambulante, egressa da Paixão,
Pode vir babujar de santa compaixão
Minha *trompa-de-Eustáquio,* aos gritos, que eu me calo
Sem ao menos poder lhe pisar sobre um calo!

– Tolo como uma virgem, só como um leproso
Estou lá, mas ausente... E dizem: – É um absurdo
Poeta amordaçado, ouriço auto-espinhoso?
Um sacudir de ombros quer dizer: sou surdo.

– Tântalo acústico ante uma orgia sonora,
Vejo palavras no ar que não posso comer;
Papa-moscas de som que um mosquito devora
Ou cabeça-de-turco a quem quiser bater.

Ó música celeste: escutar sobre a cal
Roçar um caracol! A gilete ou navalha
A raspar numa rolha!... uma ária teatral!
Um osso que se serra! um senhor! uma palha!

– Nada – Eu falo sob mim... E me vejo falá-lo
De araque, sem saber se é hindu isso que eu falo...
Clarineta sem som falhando ao sopro fraco
De um cego gago que se engana de buraco.

– Vai, pêndulo maluco a oscilar meu juízo!
Bate esse bom tanta, um caldeirão rachado
Que à voz de uma mulher faz soar como um guiso,
Um cuco!... e algumas vezes um mosquito alado...

– Va te coucher, mon coeur! et ne bats plus de l'aile.
Dans la lanterne sourde étouffons la chandelle,
Et tout ce qui vibrait là – je ne sais plus où –
Oubliette où l'on vient de tirer le verrou.

– Soyez muette pour moi, contemplative Idole.
Tous les deux, l'un par l'autre, oubliant la parole,
Vous ne me direz mot: je ne répondrai rien...
Et rien ne pourra dédorer l'entretien.

Le silence est d'or (Saint Jean Chrysostomé)

– Vai te deitar, meu coração, fecha a janela.
Dessa lanterna surda apaguemos a vela,
E tudo o que vibrou – não sei mais em que clave –
Masmorra que se vê fechar com tranca e chave.

– Seja muda pra mim, Estátua contemplada.
E ambos, um ao outro, em doce vice-versa,
Você não me diz nada, eu não respondo nada...
E nada mais vai perturbar nossa conversa.

O silêncio é de ouro (São João Crisóstomo)

ÉPITAPHE

Sauf les amoureux commençans ou finis qui veulent commencer par la fin il y a tant de choses qui finissent par le commencement que le commencemment commence à finir par être à la fin la fin en sera que les amoureux et autres finiront par commencer à recommencer par ce commencement qui aura fini par n'être que la fin retournée ce qui commencera par être égal à l'éternité qui n'a ni fin ni commencement et finira par être aussi finalement égal à la rotation de la terre où l'on aura fini par ne distinguer plus où commence la fin d'où finit le commencement ce qui est toute fin de tout commencement égale à tout commencement final de l'infini défini par l'indéfini. – Égale une épitaphe égale une préface et réciproquement.

(Sagesse des Nations)

Il se tua d'ardeur, ou mourut de paresse,
S'il vit, c'est par l'oubli; voici ce qu'il se laisse:
– Son seul regret fut de n'être pas sa maîtresse. –

Il ne naquit par aucun bout,
Fut toujours poussé vent-de-bout,
Et fut un arlequin-ragoût,
Mélange adultère du tout.

Du je-ne-sais-quoi, – mais ne sachant où;
De l'or, – mais avec pas le sou;
Des nerfs, – sans nerf; vigueur sans force;
De l'élan, – avec une entorse;
De l'âme, – et pas de violon;
De l'amour, – mais pire étalon.
– Trop de noms pour avoir un nom. –

EPITÁFIO

Salvo os amorosos principiantes ou findos que querem principiar pelo fim há tantas coisas que findam pelo princípio que o princípio principia a findar por estar no fim o fim disso é que os amorosos e outros findarão por principiar a reprincipiar por esse princípio que terá findo por não ser mais que o fim retornado o que principiará por ser igual à eternidade que não tem nem fim nem princípio e terá findo por ser também finalmente igual à rotação da terra onde se findará por não distinguir mais onde principia o fim de onde finda o princípio o que é todo fim de todo princípio igual a todo princípio final do infinito definido pelo indefinido. – Igual um epitáfio igual um prefácio e vice-versa.

(Sabedoria das Nações)

Matou-se de paixão ou morreu de preguiça,
Se vive, é só de vício; e deixa apenas isso:
– Não ser a sua amante foi seu maior suplício –

Não nasceu por nenhum lado
E foi criado como mudo,
Tornou-se um arlequim-guisado,
Mistura adúltera de tudo.

Tinha um *não-sei-que,* – sem saber onde;
Ouro, – sem trocado para o bonde;
Nervos, – sem nervo; vigor sem "garra";
Elã, – sem forçar a barra
Alma, – faltava uma guitarra;
Amor, – mas sem bastante fome.
– Muitos nomes para ter um nome. –

Coureur d'idéal, – sans idée;
Rime riche, – et jamais rimée;
Sans avoir été, – revenu;
Se retrouvant partout perdu.

Poète, en dépit de ses vers;
Artiste sans art, – à l'envers;
Philosophe, – à tort à travers.

Un drôle sérieux, – pas drôle.
Acteur: il ne sut pas son rôle;
Peintre: il jouait de la musette;
Et musicien: de la palette.

Une tête! – mais pas de tête;
Trop fou pour savoir être bête;
Prenant pour un trait le mot très.
– Ses vers faux furent ses seuls vrais.

Oiseau rare – et de pacotille;
Très mâle... et quelquefois très fille;
Capable de tout, – bon à rien;
Gâchant bien le mal, mal le bien.

Prodigue comme était l'enfant
Du Testament, – sans testament.
Brave, et souvent, par peur du plat,
Mettant ses deux pieds dans le plat.

Idealista, – sem ideia. Rima
Rica, – sem matéria prima;
De volta, – sem nunca ter ido;
Se achando sempre perdido.

Poeta, apesar do verso;
Artista sem arte, – ao inverso;
Filósofo – vide-verso.

Um sério cômico, – sem sal.
Ator: não soube seu papel;
Pintor: dó-ré-mi-fá-sol;
E músico: usava o pincel.

Uma cabeça! – sim, de vento:
Muito louco para ter tento;
Seu mal foi singular de *mais.*
– Seus pés quebrados, pés demais.

Avis rara – mas de rapina;
Macho... com manha feminina;
Capaz de tudo, – bom pra nada;
Com certeza, – por certo errada.

Pródigo como o filho errante
Do Testamento, – herança vacante.
Rebelde, – e com receio do lugar
Comum não saía do lugar.

Coloriste enragé, – mais blême;
Incompris... – surtout de, lui-même;
Il pleura, chanta juste faux;
– Et fut un défaut sans défauts.

Ne fut quelqu'un, ni quelque chose.
Son naturel était la pose.
Pas poseur, posant pour l'unique;
Trop naïf, étant trop cynique;
Ne croyant à rien, croyant tout.
– Son goût était dans le dégoût.

Trop crû, – parce qu'il fut trop cuit,
Ressemblant à rien moins qu'à lui,
Il s'amusa de son ennui,
Jusqu'à s'en réveiller la nuit.
Flaneur au large, – à la dérive,
Epave qui jamais n'arrive...

Trop Soi pour se pouvoir souffrir,
L'esprit à sec et la tête ivre,
Fini, mais ne sachant finir,
Il mourut en s'attendant vivre
Et vécut s'attendant mourir.

Ci-gît, – coeur sans coeur, mal planté,
Trop réussi – comme raté.

Colorista sem cavalete;
Incompreendido... – abriu o peito:
Chorou, cantou em falsete;
– E foi um defeito perfeito.

Não foi *alguém,* nem foi ninguém.
Seu natural era o ar bem
Posto, em pose para a posteridade;
Cínico, na maior ingenuidade;
Impostor, sem cobrar imposto.
– Seu gosto estava no desgosto.

Ninguém foi mais igual, mais gêmeo
Irmão siamês de si mesmo.
Viu-se a si próprio ao microscópio:
Micróbio de seu próprio ópio.
Viajante de rotas perdidas,
S.O.S. sem salva-vidas...

Muito cheio de si para aturar-se,
Cabeça "alta", espírito ativo,
Findou, sem saber findar-se,
Ou vivo-morto ou morto-vivo.

Aqui jaz, coração sem cor, desacordado,
Um bem logrado malogrado.

SOUS UN PORTRAIT
DE CORBIÈRE

EN COULEURS FAIT PAR LUI ET DATÉ DE 1868

Jeune philosophe en dérive
Revenu sans avoir été,
Coeur de poète mal planté:
Pourquoi voulez-vous que je vive?

L'amour!... je l'ai rêvé, mon coeur au grand ouvert
Bat comme un volet en pantenne
Habité par la froide haleine
Des plus bizarres courants d'air;
Oui voudrait s'y jeter?... pas moi si j'étais ELLE!...
Va te coucher, mon coeur, et ne bats plus de l'aile.

J'aurais voulu souffrir et mourir d'une femme,
M'ouvrir du haut en bas.et lui donner en flamme,
Comme un punch, ce coeur-là chaud sous le chaud soleil...

Alors je chanterais (faux, comme de coutume)
Et j'irais me coucher seul dans la trouble brume:
Eternité, néant, mort, sommeil, ou réveil.

Ah! si j'étais un peu compris! Si, par pitié
Une femme pouvait me sourire à moitié,
Je lui dirais: oh! viens, ange qui me consoles!...
. . . . .
... Et je la conduirais à l'hospice des folles.

On m'a manqué ma vie!... une vie à peu près;
Savez-vous ce que c'est: regardez cette tête.
Dépareillé partout, très bon, plus mauvais, très
Fou, mais ne me souffrant... Encor, si j'étais bête!

SOB UM RETRATO DE CORBIÈRE

EM CORES FEITO POR ELE E DATADO DE 1868

Jovem filósofo à deriva
De volta sem ter nunca estado,
Peito de poeta mal plantado:
Por que ainda querem que eu viva?

O amor? Sonhei-o. O coração de par em par
Como um postigo escancarado
Bate sob o hálito gelado
Dos mais bizarros golpes de ar;
Mergulhadas nele? Eu não, se fosse ELA!...
Olha a coriza, coração, fecha a janela.

Eu queria morrer pela mulher amada,
Me abrir de alto a baixo e lhe dar de presente,
Como um conhac, meu coração ainda quente...

Eu cantaria (em falso como de costume)
E iria me deitar, só, sob um falso lume:
Eternidade, morte, vida, sono ou nada.

Ah! se me compreendessem! Se por piedade
Uma mulher me amasse só pela metade,
Eu lhe diria: oh! vem, anjo que me consentes!
. . . .
...E a levaria para o asilo de dementes.

Abortaram-me a vida! Uma vida, por pouco.
Vocês sabem como é: olhem para esta testa!
Genial? De mau gênio, ou pior, meio louco,
Mas sem me suportar... Ah, se eu fosse uma besta!

*La mort... ah oui, je sais: cette femme est bien froide,
Coquette dans la vie; après, sans passion
Pour coucher avec elle il faut être trop roide...
Et puis, la mort n'est pas, c'est la négation.*

*Je voudrais être un point épousseté des masses,
Un point mort balayé dans la nuit des espaces,
...Et je ne le suis point!*

*Je voudrais être alors chien de fille publique,
Lécher un peu d'amour qui ne soit pas payé;
Ou déesse à tous crins sur la côte d'Afrique,
Ou fou, mais réussi; fou, mais pas à moitié.*

A morte, eu sei, é uma mulher de sexo frígido,
Ávida enquanto há vida; e depois, sem paixão.
Para deitar com ela é preciso estar rígido...
E a morte, enfim, não é; é a própria negação.

Queria ser um ponto a mais, sem deixar traços,
Ponto morto varrido à noite do espaços
...E não o sou. Ponto.

Queria ser o cão de alguma prostituta,
Lamber um grão de amor não pago, de verdade;
Ou deusa canibal lá na África bruta,
Ou louco, mas total, e não pela metade.

PARIA

Qu'ils se payent des républiques,
Hommes libres! – carcan au cou –
Qu'ils peuplent leur nids domestiques!...
– Moi Je suis le maigre coucou.

– Moi, – coeur eunuque, dératé
De ce qui mouille et ce qui vibre...
Que me chante leur Liberté,
A moi: toujours seul. Toujours libre.

– Ma Patrie... elle est par le monde;
– Et, puisque la planète est ronde,
Je ne crains pas d'en voir le bout...
Ma patrie est où je la plante:
Terre ou mer, elle est sous la plante
De mes pieds – quand je suis debout.

Quand je suis couché: ma patrie
C'est la couche seule et meurtrie
Où je vais forcer dans mes bras
Ma moitié, comme moi sans âme;
Et ma moitié: c'est une femme...
Une femme que je n'ai pas.

– L'idéal à moi: c'est un songe
Creux; mon horizon – l'imprévu –
Et le mal du pays me ronge...
Du pays que je n'ai pas vu.

PÁRIA

Que eles paguem por seus países,
Homens livres! – sob o trabuco –
E povoem ninhos felizes!...
– Eu, porém, sou o magro cuco.

– Coração eunuco, amputado
De tudo o que molhe ou que vibre...
A Liberdade é um hino aguado
Pra mim: sempre só. Sempre livre.

– A minha Pátria... é todo o mundo;
E já que o planeta é rotundo,
Não temo ver seu fim qual é...
Pátria é onde o meu ser se planta:
Terra ou mar, está sob a planta
De meus pés – quando estou de pé.

Quando me deito, a pátria amada
É a cama triste e maltratada
Onde eu espalmo em minha palma
A metade, como eu sem alma;
Cara metade: é uma dama...
A metade da minha cama.

– Uma ideia oca constrói
Meu ideal; meta – o imprevisto –
Mas a nostalgia me rói...
Do país por mim nunca visto.

Que les moutons suivent leur route,
De Carcassonne à Tombouctou...
– Moi, ma route me suit. Sans doute
Elle me suivra n'importe où.

Mon pavillon sur moi frissone,
Il a le ciel pour couronne:
C'est la brise dans mes cheveux...
Et dans n'importe quelle langue
Je puis subir une harangue;
Je puis me taire si je veux.

Ma pensée est un souffle aride:
 C'est l'air. L'air est à moi partout.
Et ma parole est l'écho vide
Qui ne dit rien – et c'est tout.

Mon passé: c'est ce que j'oublie.
La seule chose qui me lie,
C'est ma main dans mon autre main.
Mon souvenir – Rien – C'est ma trace.
Mon présent, c'est tout ce qui passe
Mon avenir – Demain... demain.

Je ne connais pas mon semblable;
Moi, je suis ce que je me fais.
– Le moi humain est haïssable...
– Je ne m'aime ni ne me hais.

Que os carneiros sigam a rota
De Carcassonne a Finisterra...
– Minha rota me segue. A idiota
Me seguirá por toda a terra.

Meu pendão sobre mim revoa,
Tendo só o céu por coroa:
É a brisa no meu cabelo...
Não importa a língua a dizê-lo,
Topo qualquer papo furado;
E também sei ficar calado.

Meu pensamento é um sopro frio:
É o ar. O ar que me cerca, mudo.
Minha palavra, o eco vazio
Que não diz nada – e isso é tudo.

O meu passado não me intriga.
A única coisa que me liga
É a minha mão na outra, irmã.
Minha memória – Nada. – Traça.
O meu presente é o que se passa
No futuro – Amanhã... amanhã.

Eu não conheço o meu vizinho;
Eu sou aquilo que eu me creio.
– *O eu humano é tão mesquinho...*
Eu não me amo nem me odeio.

*– Allons! la vie est une fille
Qui m'a pris à son bon plaisir...
Le mien, c'est: la mettre en guenille,
La prostituer sans désir.*

*– Des Dieux?... – Par hasard j'ai pu naître;
Peut-être en est-il – par hasard...
Ceux-là, s'ils veulent me connaître,
Me trouveront bien quelque part.*

*– Où que je meure, ma patrie
S'ouvrira bien, sans qu'on l'en prie,
Assez grande pour mon linceul...
Un linceul encor: pour que faire?...
Puisque ma patrie est en terre
Mon os ira bien là tout seul...*

– Vamos! a vida é uma garota
Que me convida para um beijo...
Meu desejo é: deixá-la rota,
Prostituí-la sem desejo.

– Os Deuses?... – Por acaso eu vim;
Talvez existam – por acaso...
Eles, decerto, ao cabo e ao fim,
Me encontrarão, se for o caso.

– Minha pátria, quando eu morrer,
Se abrirá bem para acolher
O pó que a mortalha encerra.
Uma mortalha pra meu pó?
Se a minha pátria é a própria terra
Meu osso vai se dar bem, só.

JULES LAFORGUE (1860-1887)

LA CIGARETTE

Oui, ce monde est bien plat: quant à l'autre, sornettes.
Moi, je vais résigné, sans espoir à mon sort,
Et pour tuer le temps, en attendant la mort,
Je fume au nez des dieux de fines cigarettes.

Allez, vivants, luttez, pauvres futurs squelettes.
Moi, le méandre bleu qui vers le ciel se tord
Me plonge en une extase infinie et m'endort
Comme aux parfums mourants de mille cassolettes.

Et j'entre au paradis, fleuri de rêves clairs
Où l'on voit se mêler en valses fantastiques
Des éléphants en rut a des choeurs de moustiques.

Et puis quand je m'éveille en songeant à mes vers,
Je contemple, le coeur plein d'une douce joie
Mon cher pouce rôti comme une cuisse d'oie.

JULES LAFORGUE (1860-1887)

O CIGARRO

Sim, este mundo é chato e o outro, uma graça.
Eu vou resignado, sem me fiar na sorte,
E pra matar o tempo, enquanto espero a morte,
Lanço ao nariz dos deuses fitas de fumaça.

Ide, esqueletos do futuro, pobre raça.
Eu, o meandro azul que para o céu serpeia,
Mergulho em êxtase sem fim, cabeça cheia
De ópios febris de alguma estranha taça.

Adentro o paraíso, em sonhos todo imerso,
Nos quais se vão mesclar, em fantásticos ritos,
Elefantes em cio a coros de mosquitos.

E quando acordo, meditando no meu verso,
O coração pleno de júbilo, balanço
Meu polegar cozido – uma coxa de ganso.

LOCUTIONS DES PIERROTS

IX

Ton geste,
Houri,
M'a l'air d'un memento mori
Qui signifie au fond: va, reste...

Mais, je te dirai ce que c'est,
Et pourquoi je pars, foi d'honnête
Poète
Français.

Ton coeur a la conscience nette,
Le mien n'est qu'un individu
Perdu
De dettes.

LOCUÇÕES DOS PIERRÔS

IX

Teu olhar,
Huri,
Tem o ar de um *memento mori*
Que diz no fundo: – Ah, deixa estar...

Mas direi tudo de uma vez,
E por que parto, à fé de honrado
　　Bardo
　　Francês.

Teu coração tem fiador honesto,
O meu vive de duplicatas
　　Levadas
　　A protesto.

AUTRE COMPLAINTE DE LORD PIERROT

Celle qui doit me mettre au courant de la Femme!
Nous lui dirons d'abord, de mon air le moins froid:
"La somme des angles d'un triangle, chère âme,
   "Est égale à deux droits."

Et si ce cri lui part: "Dieu de Dieu! que je t'aime!"
– "Dieu reconnaitra les siens. " Ou piquée au vif:
– "Mes claviers ont du coeur, tu seras mon seul thème."
   Moi: "Tout est relatif."

De tous ses yeux, alors! se sentant trop banale:
"Ah! tu ne m'aimes pas; tant d'autres sont jaloux!"
Et moi, d'un oeil qui vers l'Inconscient s'emballe:
   "Merci, pas mal; et vous?"

– "Jouons au plus fidele!" – A quoi bon, ô Nature!"
"Autant à qui perd gagne!" Alors, autre couplet:
– "Ah! tu te lasseras le premier, j'en suis sure..."
   – "Après vous, s'il vous plait."

Enfin, si, par un soir, elle meurt dans mes livres,
Douce; feignant de n'en pas croire encor mes yeux,
J'aurai un: "Ah ça, mais, nous avions De Quoi vivre!
   "C'était donc sérieux?"

OUTRO LAMENTO DE LORD PIERRÔ

Essa que me vai pôr ao corrente da Fêmea!
Eu lhe direi, então, com ares indiscretos:
"A soma dos ângulos de um triângulo, minh'alma,
   "É igual a dois retos."

E se lhe sai este grito: "Deus meu, como te amo!"
– "Deus reconhecerá os seus." Ou est'outro, incisivo:
– "Meus teclados têm alma, só tu serás meu tema."
   Eu: "Tudo é relativo."

Com todo o olhar, sentindo-se banal, agora:
"Não me amas nem um pouco, e eu não sou nada feia!"
Mas eu, com um olhar que em si mesmo se alheia:
   "Bem, obrigado, e a senhora?"

– "Ah, qual de nós é o mais fiel? Apostemos!"
– "Só se quem perde ganha." Ou lágrimas d'amor:
– "Ah! Tu te cansarás primeiro, estou certa..."
   "– Primeiro as damas, por favor."

Enfim, se ela um dia morre nos meus livros,
Doce; como quem decifra um mistério,
Terei um: "Ora essa, ainda há pouco estava viva!
   "Mas então era sério?"

AVANT-DERNIER MOT

L'Espace?
– Mon Coeur
Y meurt
Sans traces...

La Femme?
– J'en sors,
La mort
Dans l'âme...

Le Rêve?
– C'est bon
Quand on
L'achève...

Que faire
Alors
Du corps
Qu'on gère?

Ceci,
Cela,
Par-ci
Par-là...

PENÚLTIMA PALAVRA

O Espaço?
– A vida
Ida
Sem traço.

O Amor?
– Seu preço:
Desprezo
Edor.

O Sonho?
– Infindo,
É lindo
(Suponho).

Que vou
Fazer
Do ser
Que sou?

Isto;
Aquilo,
Aqui,
Ali.

ARTHUR RIMBAUD (1854-1891)

VÉNUS ANADYOMÈNE

Comme d'un cercueil vert en fer blanc, une tête
De femme à cheveux bruns fortement pommadés
D'une vieille baignoire émerge, lente et bête,
Avec des déficits assez mal ravaudés;

Puis le col gras et gris, les larges omoplates
Qui saillent; le dos court qui rentre et qui ressort;
Puis les ronderus des reins semblent prendre l'essor;
La graisse sous la peau paraît en feuilles plates;

L'échine est un peu rouge, et le tout sent un goût
Horrible étrangement; on remarque surtout
Des singularités qu'il faut voir à la loupe...

Les reins portent deux mots gravés: CLARA VENUS;
– Et tout ce corps remue et tend sa large croupe
Belle hideusement d'un ulcère à l'anus.

ARTHUR RIMBAUD (1854-1891)

VENUS ANADIÔMENE

Como de um verde túmulo em latão o vulto
De uma mulher, cabelos brunos empastados,
De uma velha banheira emerge, lento e estulto,
Com déficits bastante mal dissimulados;

Do colo graxo e gris saltam as omoplatas
Amplas, o dorso curto que entra e sai no ar;
Sob a pele a gordura cai em folhas chatas,
E o redondo dos rins como a querer voar...

O dorso é avermelhado e em tudo há um sabor
Estranhamente horrível; notam-se, a rigor,
Particularidades que demandam lupa...

Nos rins dois nomes só gravados: CLARA VÊNUS;
– E todo o corpo move e estende a ampla garupa
Bela horrorosamente, uma úlcera no ânus.

COCHER IVRE

Pouacre
Boit:
Nacre
Voit;

Acre
Loi,
Fiacre
Choit!

Femme
Tombe:
Lombe

Saigne:
– Clame!
Geigne.

COCHEIRO BÊBADO

Álacre
Vai:
Nacre
Rei.

Acre
Lei.
Fiacre
Cai!

Dama:
Tombo.
Lombo

Dói.
Clama:
Ai!

PELEJA ao CEGO ADERALDO com ZÉ PRETINHO

UM DIA, UM DADO, UM DEDO

Uma das lições a tirar da experiência que alguns poetas urbanos fizeram, quando tentaram se servir da forma exterior e da linguagem típica da poesia de cordel para dar-lhe um conteúdo participante, "corrigi-la" ideologicamente e ao mesmo tempo valer-se de sua teórica penetração de massa, é a de que a autêntica poesia popular é inimitável e incorrigível. Basta comparar qualquer das coisas que assim se perpetraram com a obra dos verdadeiros cantadores do Nordeste, para verificar de imediato a imensa superioridade desta sobre os produtos contrafeitos dos imitadores bem-intencionados – a superioridade dos "profissionais" populares sobre os "amadores" cultos e citadinos.

A poesia dos cantadores nordestinos não é um lixo cultural. Na verdade, ela não precisa nem pode ser "melhorada", nem mesmo na sua dimensão semântica, que embora "alienada" de uma consciência política dirigida, é muito mais significativa e testemunhai em relação ao seu contexto do que as suas contrafações "politizadas". Essa poesia, que caminha inexoravelmente para a obsolescência, à medida que as tradições rurais vão sendo engolidas pelas novas modalidades de arte popular urbana trazidas pelos modernos meios de comunicação de massa – o rádio, a televisão, o cinema –, não necessita de muletas nem de caridade. Anda por seus próprios pés. Possui técnicas e excelências nada desprezíveis e por vezes surpreende o poeta cultivado, não só pela diretidade de sua linguagem, como pelas sutilezas e achados imprevistos.

Particularmente nos chamados "desafios", herdeiros das "tensões" medievais, nos deparamos com uma poesia vincada pela elaboração formal, a desmentir francamente as teses dos que julgam a arte popular incapaz de intelectualização e de requinte. Quando dois cantadores se defrontam num "desafio", o que ocorre é um verdadeiro torneio de habilidade artesanal, onde cada um procura superar o adversário quer na versatilidade rítmica quer no domínio da invenção léxica e semântica.

Eu Sou o Cego Aderaldo, livro de memórias, "de menino a velho", editado em 1963, pela Imprensa Universitária do Ceará, ostenta um repertório fascinante dessas proezas poéticas.

Os desafios se iniciam, no geral, por formas simples – quase sempre sextilhas de sete sílabas que rimam na 2ª 4ª e 6ª linhas. Um dos processos usados para derrotar o contendor é o de propor-lhe adivinhas ou enigmas que o outro tem de resolver na hora. "Eu vou entrar em perguntas, / É isto o que você quer", diz a certa altura de sua peleja com o Cego Aderaldo a cantadora Felicia Cobra. Eis uma das questões esfíngicas propostas por Dona Cobra ao seu adversário:

Quem foi que nasceu na mama,
Na mesma mama cresceu,
Depois que largou a mama
Mamava aonde nasceu?

Se o opositor se sai bem nas respostas, o outro procura testar a sua competência em versos mais variados e complexos, como a parcela ou o martelo (há muitas outras modalidades e variantes, como informa Cavalcanti Proença em *Literatura Popular em Verso,* Antologia, Tomo I). A primeira pode ter de 8 a 10 versos, com esquema rímico ABBAACCDDC. Seu ritmo é curto, em geral pentassilábico. As linhas são, frequentemente, a inversão uma da outra. Assim José Francalino chama o Cego Aderaldo à parcela:

Balanço e navio,
Navio e balanço,
Água e remanso
Na margem do rio
Procura o desvio
O desvio procura
Carreira segura
Segura carreira
Molhando a barreira
Das águas escuras.

O martelo é constituído por estrofes de 6 a 10 versos, com ritmo decassilábico e análogo esquema rímico. "Cantar o martelo, improvisá-lo ou declamá-lo, respondendo ao adversário no embate do desafio, é o título mais ambicionado pelos cantadores", escreve Luís da Câmara Cascudo, no seu *Dicionário do Folclore Brasileiro*. Não é só o ritmo que muda no martelo, mas a própria dicção e as proposições semânticas, que adquirem o tom exaltado de auto-afirmações jactanciosas, incorporando livremente o absurdo e o *nonsense*. Na peleja entre Domingos Fonseca e Aderaldo, arrola o primeiro, entre outras façanhas impossíveis:

Faço o ano mudar-se em uma hora,
Faço a noite mudar-se em linda aurora,
Faço uma rua mudar-se em cinco becos,
Faço um fogo de folhas e paus secos,
Toco fogo no mundo e vou-me embora.

Ao que responde o cego, finalizando espetacularmente o martelo e o desafio:

Faço lobo na cova se esconder,
Giboia ao me sentir fica a tremer,
Hipopótamo me serve de cavalo,
Faço o Eixo da terra dar estalo,
Faço a morte ter medo de morrer."

Parece evidente que as enumerações de *impossibilia*, nos desafios, remontam à tradição medieval, que por sua vez se abebera na Antiguidade greco-romana. São os *adynata* gregos que E. R. Curtius estudou como exemplos da "tópica" em *Literatura Europeia e Idade Média Latina*, assinalando o seu ressurgimento na obra de trovadores como Arnaut Daniel sob a forma do que Rudolf Borchardt chamou de "invenção de apaixonados paradoxos" ("Ieu sui Arnautz qu'amas l'aura / e chatz la labre ab lo bou / e nadi contra suberna" = Eu sou Arnaut que amasso o ar (que amo Laura), / que caço a lebre com o boi / e nado contra a maré."). "O princípio básico formal da 'seriação de coisas impossíveis' (*adynata, impossibilia*) é de origem antiga" – explica Curtius. "Parece que surge pela primeira vez em Arquíloco. O eclipse do sol, de 6 de abril de 648 sugerira-lhe o pensamento de que nada mais era impossível, pois Zeus obscurecera o sol. Não admiraria se os animais do campo trocassem o seu alimento com os golfinhos (fragmento 74). Na Idade Média eram conhecidos os *adynata* de Virgílio." Na tradição portuguesa, bastaria citar Sá de Miranda: "Oh rios, corred atrás, / y montes, id adelante!" – versos que antecipam o cantador Zé Eusébio, quando proclama: "Zé Eusébio quando canta / As frera deixa o convento, / As muié deixa os marido / E as moça o casamento. / O rio corre pra cima / E a chuva desfaz-se em vento". Segismundo Spina, ao passar em revista a "tópica" de Curtius em *Da Idade Média e Outras Idades*, lembra que Augusto Meyer e Brito Broca descobriram novos exemplários de *impossibilia*, o primeiro na poesia popular do Sul do Brasil e na poesia surrealista, e o segundo nos bestialógicos românticos.

Os desafios não desdenham as mais ousadas soluções formais, os jogos de palavras, as aliterações e as paronomásias, que ao mesmo tempo confundem o contendor e maravilham a todos pela destreza e pelo virtuosismo elaborativo. O exemplo mais notável é talvez o da célebre peleja entre o Cego Aderaldo e Zé Pretinho, travada no Piauí em 1916. Em certo momento, Zé Pretinho lança ao cego uma estrofe que termina com palavras enigmáticas ("enredo", chama-as ele), que visam, precisamente, a enredar o antagonista: "É um dedo, é um dado, é um dia, / É um dia, é um dado, é um dedo". Como o "enredo" não tem solução, o cego responde inteligentemente invertendo as palavras do verso e devolvendo-as, assim, ao adversário, num círculo vicioso. Por fim, ante o desconcerto do rival, atira-lhe, por seu turno, com versos de quebrar a língua: "Quem a paca cara compra, / Cara a paca pagará", alterando de cada vez a ordem das palavras, até confundir por completo o antagonista, que não consegue "cantar a paca". Não posso deixar de citar, integralmente, pelo menos as estrofes do "dado":

ZP – *Eu vou mudar de toada*
Para uma que mete medo.
Nunca encontrei cantor
Que desmanchasse esse enredo:
É um dedo, é um dado, é um dia,
E um dia, é um dado, é um dedo.

CA – *Zé Preto, esse teu enredo*
Te serve de zombaria.
Tu hoje cegas de raiva,
O diabo será teu guia.
É um dia, é um dado, é um dedo,
É um dedo, é um dado, é um dia.

ZP – *Cego, respondeste bem,*
Como estivesse estudado,
Eu, também de minha parte,
Canto verso aprumado:
É um dado, é um dedo, é um dia,
É um dia, é um dedo, ê um dado.

CA – *Vamos lá, José Pretinho,*
Que eu já perdi o medo.
Sou bravo como leão,
Sou forte como penedo.
É um dedo, é um dado, é um dia,
É um dia, é um dado, é um dedo.

Em matéria de jogos paronomásticos, o Cego Aderaldo tem outro exemplo extraordinário, cantando o "quadrão" ou oitava, na segunda Peleja com Domingos Fonseca:

Eu canto o quadro quadrado,
Quadrado bem quadrejado,
Meu quadro é quadriculado
Por causa da quadração,
Porque minhas quadras são
De maneira bem quadrada,
Por isso meu verso enquadra
Quadrado, quadro e quadrão.

Aderaldo, que na "poesia de desafio" despreza o gemido ("Se gemer for cantoria, / Você é bom cantador, / Pois gemes perfeitamente, / No gemido tem valor, / Mas o povo cearense / Só geme com grande dor..."), fica mais sentimental quando fala do seu próprio infortúnio. Mesmo assim, consegue por vezes expressar com grande dignidade e comedimento a sua tragédia pessoal e a do seu contexto. Quando diz, por exemplo: "Até nos olhos eu tenho / Esse quinhão de pobreza". Ou quando, através da polissemia dos homógrafos "vendo" (dos verbos "ver" e "vender"), equaciona com precisão o drama de sua existência:

Xácaras, trovas já cantei,
Vendo as faces femininas,
Encantadoras e meigas,
Cativantes, purpurinas,
Hoje vendo, como cego,
Minhas canções peregrinas.

Tais soluções evidenciam que a poesia popular, longe de se opor ao alegado "formalismo" da poesia culta ou mesmo da "de vanguarda", melhor dita "de invenção", tem muitos pontos de contato com ele. "Quadrado", "quadro" e "quadra" já foram tema de um poema concreto. Não é de estranhar, portanto, que encontremos a ideia da poesia como "concreção" nas trovas do cantador paraibano Manoel Camilo, escritas e publicadas em 1958 (folheto "O Filho de Garcia", reproduzido por Cavalcanti Proença na Antologia de *Literatura Popular em Verso*). Tentando explicar o que é a poesia e o que é ser poeta, o cantador cria palavras estranhas, inclusive o neologismo "concretir", num eco talvez das ruidosas exposições concretas de 56-57, cujo barulho terá chegado à Paraíba sabe-se lá por que descaminhos e "ruídos" informativos... É um explicação meio patafísica, mas das mais saborosas, do fenômeno poético:

Deus Grande Ser Incriado
Com os seus dons multiformes
Torna-se imaginário
Nos seus mistérios triformes
Simbolicamente fala
Aos gênios "aculeiformes".

E estes "aculeiformes"
Têm a visão "duplicia"
Que abstraticamente
Concretizando procria
Imagens compositórias
Eis o que ê poesia.

Ser poeta é ser geníaco
Sensibilante ao ouvir
As magnificências; e
Unificar concretir
Na visão imaginária
Formar, criar, colorir.

Não há por que subestimar a capacidade latente ou patente do povo para entender ou fazer arte. "O povo, o inventa-línguas", como disse Maiakóvski. Se a tentativa de "provincianizar" a cultura das cidades, por *mauvaise conscience*, é artificial e frustrada (Trótski já o advertia, quando denunciava como "populismo reacionário" as fórmulas de uma arte "pseudo-proletária"), é preciso reconhecer a garra da invenção na arte autenticamente popular, muito menos ingênua, muito mais elaborada e inteligente do que alguns querem fazer crer.

INFORMAÇÃO BIBLIOGRÁFICA

Os trabalhos incluídos neste livro, revistos e em alguns casos ligeiramente ampliados para a republicação, originam-se dos seguintes artigos:

1. ARNAUT: O MELHOR ARTÍFICE, Suplemento Literário de *O Estado de S. Paulo*, 25-1-1964, 1-2-1964 e 8-2-1964.
2. AMOR E HUMOR NAS CANÇÕES DE GUILHERME IX, *Correio da Manhã*, Rio de Janeiro, 10-9-1966.
3. PRESENÇA DE PROVENÇA: MARCABRU, CONTRA O AMOR, *Correio da Manhã*, 19-2-1967.
4. PRESENÇA DE PROVENÇA: BERTRAN, POETA DE BRIGA, *Correio da Manhã*, 5-3-1967.
5. PRESENÇA DE PROVENÇA: BERNART, A AVE LEVE, *Correio da Manhã*, 23-4-1967.
6. PRESENÇA DE PROVENÇA: CARDENAL, O PROTESTO, *Correio da Manhã*, 6-5-1967.
7. PRESENÇA DE PROVENÇA: A INVENÇÃO DE ARNAUT, *Correio da Manhã*, 28-5-1967.
8. OS POETAS MALDITOS DO MALDIZER, Suplemento Literário de *O Estado de S. Paulo*, 7-5-1966 e 14-5-1966.
9. DO TEMOR, DO AMOR, DO HUMOR, Suplemento Literário de *O Estado de S. Paulo*, 1-10-1966 e 8-10-1966.
10. ATUALIDADE DOS POETAS "METAFÍSICOS", Suplemento Literário de *O Estado de S. Paulo*, 7-8-1965.
11. A ROSA DE MARINO, Suplemento Literário de *O Estado de S. Paulo*, 30-7-1966.
12. METAMORFOSES DAS *METAMORFOSES*, Suplemento Literário de *O Estado de S. Paulo*, 27-8-1966.
13. DOS "POETAS BIZARROS" A HOPKINS, Suplemento Literário de *O Estado de S. Paulo*, 15-10-1966.
14. MINIANTOLOGIA DA ANTIPOESIA SIMBOLISTA, Suplemento Literário de *O Estado de S. Paulo*, 24-6-1967.
15. UM DIA, UM DEDO, UM DADO, *Correio da Manhã*, 25-6-1967.

ILUSTRAÇÕES

Capa: trecho da canção de Bernart de Ventadorn "Quant vey la lauzeta mover" (a partir de uma ilustração do Canto 91 de Ezra Pound).
Orelha: de uma gravura de Manoel de Andrade Figueiredo (séc. XVIII)
Bernart de Ventadorn (Ms. do século XIII, Bibliothèque Nationale, Paris) 6
(encarte) Intradução – Bernart de Ventadorn/Augusto de Campos – 1174/1974
Marcabru (MS. do século XIII, Bibliothèque Nationale, Paris) 30
Arnaut Daniel (idem) 47
Bertran de Born (ibidem) 66
Profilograma 1, de Augusto de Campos, 1966 (Pound + Maiakóvski, desenhos de Gaudier-Brzeska e Ródchenko) 71
Músico e Jogral – Detalhe de um *cantus planus* (Ms. do século XI, Bibliothèque Nationale, Paris) 106
John Donne, 1616.................... 131
A Rosa Doente, versão iconogrâmica de *The Sick Rose* de William Blake (1757-1827) por Augusto de Campos, 1975 178
Vaso grego, cerca de 540 A.C., Munique................ 190
Autorretrato de Tristan Corbière 210
Capa do Folheto *Peleja do Cego Aderaldo com Zé Pretinho* (ed. de João Martins de Athayde, prop. filhos de José Bernardo da Silva) ... 256
Xilogravura extraída da capa do Folheto *A Moça que Virou Cobra*, de Severino Gonçalvez (em *Literatura Popular em Verso*, de M. Cavalcanti Proença, Tomo I, MEC, Casa de Rui Barbosa, Rio de Janeiro, 1964, p. 232) 263

COLEÇÃO SIGNOS
HAROLDIANA

1. PANAROMA DO FINNEGANS WAKE • James Joyce (Augusto e Haroldo de Campos, orgs.)
2. MALLARMÉ • Augusto e Haroldo de Campos e Décio Pignatari
3. PROSA DO OBSERVATÓRIO • Júlio Cortázar (Trad. de Davi Arrigucci Júnior)
4. XADREZ DE ESTRELAS • Haroldo de Campos
5. KA • Velimir Khlébnikov (Trad. e notas de Aurora F. Bernardini)
6. VERSO, REVERSO, CONTROVERSO • Augusto de Campos
7. SIGNANTE QUASI COELUM: SIGNÂNCIA QUASE CÉU • Haroldo de Campos
8. DOSTOIÉVSKI: PROSA POESIA • Boris Schnaiderman
9. DEUS E O DIABO NO FAUSTO DE GOETHE • Haroldo de Campos
10. MAIAKÓVSKI - POEMAS • Boris Schnaiderman, Augusto e Haroldo de Campos
11. OSSO A OSSO • Vasko Popa (Trad. e Notas de Aleksandar Jovanovic)
12. O VISTO E O IMAGINADO • Affonso Ávila
13. QOHÉLET/O-QUE-SABE - POEMA SAPIENCIAL • Haroldo de Campos
14. RIMBAUD LIVRE • Augusto de Campos
15. NADA FEITO NADA • Frederico Barbosa
16. BERE'SHITH - A CENA DA ORIGEM • Haroldo de Campos
17. DESPOESIA • Augusto de Campos
18. PRIMEIRO TEMPO • Régis Bonvicino
19. ORIKI ORIXÁ • Antonio Risério
20. HOPKINS: A BELEZA DIFÍCIL • Augusto de Campos
21. UM ENCENADOR DE SI MESMO: GERALD THOMAS • Silvia Fernandes e J. Guinsburg (orgs.)
22. TRÊS TRAGÉDIAS GREGAS • Guilherme de Almeida e Trajano Vieira
23. 2 OU + CORPOS NO MESMO ESPAÇO • Arnaldo Antunes
24. CRISAMTEMPO • Haroldo de Campos
25. BISSEXTO SENTIDO • Carlos Ávila
26. OLHO-DE-CORVO • Yi Sáng (Yun Jung Im, org.)
27. A ESPREITA • Sebastião Uchôa Leite
28. A POESIA ÁRABE-ANDALUZA: IBN QUZMAN DE CÓRDOVA • Miehel Sleiman
29. MURILO MENDES: ENSAIO CRÍTICO, ANTOLOGIA E CORRESPONDÊNCIA • Laís Corrêa de Araújo
30. COISAS E ANJOS DE RILKE • Augusto de Campos
31. ÉDIPO REI DE SÓFOCLES • Trajano Vieira

32. A LÓGICA DO ERRO • Affonso Ávila
33. POESIA RUSSA MODERNA • Augusto e Haroldo de Campos e B. Sehnaiderman
34. REVISÃO DE SOUSÂNDRADE • Augusto e Haroldo de Campos
35. NÃO • Augusto de Campos
36. AS BACANTES DE EURÍPIDES • Trajano Vieira
37. FRACTA: ANTOLOGIA POÉTICA • Horácio Costa
38. ÉDEN: UM TRÍPTICO BÍBLICO • Haroldo de Campos
39. ALGO : PRETO • Jacques Roubad
40. FIGURAS METÁLICAS • Claudio Daniel
41. ÉDIPO EM COLONO DE SÓFOCLES • Trajano Vieira
42. POESIA DA RECUSA • Augusto de Campos
43. SOL SOBRE NUVENS • Josely Vianna Baptista
44. AUGUST STRAMM: POEMAS-ESTALACTITES • Augusto de Campos
45. CÉU ACIMA: UM TOMBEAU PARA HAROLDO DE CAMPOS • Leda Tenório Motta (org.)
46. AGAMÊMNON DE ÉSQUILO • Trajano Vieira

COLEÇÃO SIGNOS

47. ESCREVIVER • José Lino Grünewald (José Guilherme Corrêa, org.)
48. ENTREMILÊNIOS • Haroldo de Campos
49. ANTÍGONE DE SÓFOCLES • Trajano Vieira
50. GUENÁDI AIGUI: SILÊNCIO E CLAMOR • Boris Scnhnaiderman e Jerusa Pires Ferreira (orgs.)
51. POETA POENTE • Affonso Ávila
52. LISÍSTRATA E TESMOFORIANTES DE ARISTÓFANES • Trajano Vieira
53. HEINE, HEIN?: POETA DOS CONTRÁRIOS • André Vallias
54. PROFILOGRAMAS • Augusto de Campos
55. OS PERSAS DE ÉSQUILO • Trajano Vieira
56. OUTRO • Augusto de Campos
57. LÍRICA GREGA, HOJE • Trajano Vieira
58. GRAAL, LEGENDA DE UM CÁLICE • Haroldo de Campos
59. HELENA DE EURÍPIDES E SEU DUPLO • Trajano Vieira
60. BERTOLT BRECHT: POESIA • André Vallias
61. PHANTASUS DE ARNO HOLZ: POEMA-NON-PLUS-ULTRA • Simone Homem de Mello

este livro foi impresso na cidade de Guarulhos,
nas oficinas da Vox Gráfica e Editora,
para a Editora Perspectiva.